Una Guía Para Gerentes de Bar para Controlar Costos

Cómo Eliminar el Robo y Desperdicio
Para Maximizar Ganancias

Por

Thomas Morrell

Aviso de Derechos de Autor – Copyright

Copyright © Pratzen Publishing 2010. Todos los derechos reservados. Ninguno de los materiales en esta publicación pueden ser usados, reproducidos o transmitidos, en su todo o en parte, en ninguna forma y por ningún medio, electrónico o mecánico, incluyendo fotocopias, grabaciones o el uso de cualquier información almacenada o sistema de recuperación, sin el previo permiso por escrito del publicista. Para solicitar dicho permiso o para mas consultas, contacte a Pratzen Publishing.

First Edition: 2010
ISBN 978-1098768379

Limitación de Responsabilidad de la Marca

Los nombres de productos, logotipos, marcas, URLs, enlaces a sitios web y otras marcas comerciales que aparecen o se mencionan en esta publicación o dentro de cualquier material complementario o relacionado, son propiedad de sus respectivos titulares de marcas comerciales. Estos titulares de marcas registradas no están afiliados al autor o editor y los titulares de marcas registradas no patrocinan ni respaldan nuestros materiales.

Reconocimiento de Derechos de Autor

Las fotografías atribuidas a terceros son propiedad de dichas terceros y son usados aquí bajo su autorización. Todos estas fotografías de terceros son sujetas a los derechos de autor de cada propietario.

Aviso Legal

A pesar de que el autor y el publicista consideran que la información incluida es correcta y útil, nada del contenido en esta publicación puede ser considerada como consejo profesional en ningún asunto legal o contable. Usted puede consultar un abogado o contador certificado si usted requiere consejería profesional que sea apropiada para su situación particular.

Este libro es dedicado a Neal.
¡Gracias por todo!
Tú eres una nueva inspiración.

Tabla de Contenidos

Entendiendo los Costos……………Página 9

Controlando los Desperdicios……Página 31

Prevención de Robos………………Página 65

Capítulo 1
Entendiendo los Costos

El Objetivo de la Administración

Dentro del trabajo administrativo de un bar, es muy importante definir el objetivo de la administración en un bar o restaurante. En pocas palabras, **El objetivo de la administración es el de encontrar la armonía perfecta entre el control de costos y la satisfacción del cliente.** Usted puede tener ambos objetivos, ya que estos no son mutuamente excluyentes, sin embargo puede ser un desafío lograrlos simultáneamente.

¿Qué quiero decir con esto? Bueno, muy simple, usted puede dar todo gratis en su bar en lugar de cobrar algo. Esto haría muy feliz a sus clientes, sin embargo arruinaría completamente sus índices de costos.

Por otro lado, usted puede engañar a su clientela y servir cocteles sin alcohol y tener perfectos re índices de costos de licor. Esto, por supuesto, arruinaría su servicio al cliente.

Como dije anteriormente, usted debe lograr un equilibrio y trabajar siempre para mantener este equilibrio.

Use su buen juicio y tome decisiones. Esto es lo que hacen los gerentes. Si va a perder un cliente, o si tiene que dar una bebida de cortesía, es siempre mejor (en mi opinión) dar una bebida de cortesía y asegurar que el cliente regresará.

Una Definición Rápida Sobre Costos

En la industria restaurantera y de bares, hay un método estandarizado para medir los costos por medio de una relación de costo. Y esta índice de costo es siempre:

$$\frac{\text{Costo de Productos}}{\text{Ingresos por Productos}} = \text{Índice de costo}$$

Por ejemplo, asumamos que usted gastó $10.00 Dólares en una botella de licor y que venda los tragos de la botella por una ganancia de $ 50.00 Dólares. En esta situación la ecuación de los costos sería:

$$\frac{\$ 10.00 \text{ (Costo del Producto)}}{\$ 50.00 \text{ (Ventas del Producto)}} = .20 \text{ o } 20\%$$

Y bien, ¿Esto qué significa? Bueno, esto significa que por cada $ 5.00 Dólares vendidos, usted, como propietario o gerente, debe invertir $ 1.00 Dólar en producto. Otra forma de verlo es que por cada $ 1.00 Dólar que usted invierta, usted puede esperar una ganancia de $ 4.00 Dólares. En términos de ganancias, esto es un margen de ganancias brutas de un 400 %.

A lo largo de este libro, esta es la ecuación a la que nos vamos a referir siempre que los costos y la índice de costo sea discutida.

Ahora bien, obviamente, a menor costo, usted hará más dinero, y esta es la razón por la que usted está leyendo este libro. Usted quiere mantener sus costos lo más bajos posibles y hacer el mayor dinero posible. Dentro de este libro usted encontrará muchas ideas y métodos que le van a permitir mantener estos números lo más bajos posibles y en diagnosticar y corregir los altos costos a través de el manejo de desperdicios y la prevención del robo.

¿Por qué la Índice de costo es tan Importante?

El índice de costos es importante ya que significan la medida de salud de su negocio o del negocio que usted administra. Una vez que usted determine el índice mínimo de costos (lo cual será explicado más adelante) y que usted monitoree constantemente su desempeño contra el índice de costos mínimo, usted podrá ver cómo está usted está trabajando. ¿Está usted llegando al mínimo? ¿Están sus índices de costos altos en comparación con sus objetivos razonables? ¿Están sus índices de costos moviéndose hacia sus objetivos o alejándose de ellos? Si están acercándose, ¿está usted mejorando su eficiencia? Si se alejan, ¿está usted siendo menos eficiente?

Los índices de costo también son importantes para rastrear la utilidad bruta de los productos. El licor, la cerveza y el vino pueden ser muy rentables. Por ejemplo, es común tener índices de costos del 20% o menos. Repito otra vez, esto significa una ganancia bruta del 400% o más. Sin embargo, esta es una ganancia bruta que significa una ganancia antes de otros costos como: empleados, químicos para lavado de trastos, mantenimiento, electricidad, renta y otros servicios a pagar. Estos pueden ser costos muy altos. (Juntos se les conoce como gastos indirectos). Este 400% de margen de utilidad puede ser rápidamente reducido por estos costos. Lo que queda, después de pagar todos los gastos indirectos, es la ganancia neta del bar. Como personas de negocios, queremos que esta ganancia neta sea lo más grande posible. Las dos únicas formas de lograr esto es: por medio de bajar los índices de costos, o por medio de bajar los gastos indirectos. Como tal, este libro se enfocara en aquello que podemos controlar. Y estos son nuestros índices de costos.

Por si fuera poco, al bajar los índices de costos usted está logrado una forma directa de incrementar las ganancia netas del bar, recuerde que las ganancias netas son las que producen aumentos, nuevos locales, bonos, reparto de utilidades y la expansión del negocio. Aún si usted no es el propietario y es solamente el administrador, el incrementar las ganancias netas y bajar los índices de costos, ¡puede hacer que reciba un muy buen bono! No lo olvide.

Índices de Costos Mínimos

Es importante que usted se dé cuenta de que existe un límite con respecto a qué tan bajo puede usted empujar sus costos. En este libro, me referiré a estos como los índices de costos mínimos. Si usted compra una botella de alcohol por $10.00 Dólares, y no desperdicia ningún trago o si nadie le roba tragos, usted puede vender el alcohol en esta botella por $ 50.00 Dólares. Esto significa que usted obtuvo el índice de costos mínimo del 20% (recuerde: $ 10.00 / $ 50.00 = .20 o 20%).

Sin embargo, en la industria de bares y restaurantes suceden errores; los cantineros son ineficientes y desperdician producto y los empleados roban. Todas estas acciones aumentarán el índice de costos sobre el mínimo de 20%.

Por ejemplo, suponga que el cantineros tiene una mala técnica de vertido del producto. Cuando sirve un trago en lugar de verter exactamente 1.25 onzas, está sirviendo 1.5 onzas. Esto significa que está teniendo un desperdicio de .25 onzas de licor cada vez que sirve una bebida. Esto es el 15% más de licor del que debería estar sirviendo. Por lo tanto también significa que se obtendrán menos utilidades por la venta de la botella.

Si el 15% está siendo desperdiciado debido a la mala técnica de vertido de este cantineros, usted solo obtendrá $ 42.50 Dólares de la botella, en lugar de $ 50.00 Dólares.
Y significa que su índice de costos se vería así:

$$\frac{\$ 10.00}{\$ 42.50} = .235 \text{ o } 23.5\%$$

Este libro es pretende ayudarlo a empujar su índice de costos actual lo más cerca posible al índice de costos mínimos. Esto significa eliminar el desperdicio y prevenir el robo.

Índices de Costos y Su efecto en Precios

El índice de costos mínimo es la relación entre el costo destinado para producir un producto y el precio que usted le cobra al cliente por él. Usted debe comprender bien esta relación.

En la mayoría de los casos, usted no tendrá ningún control sobre lo que paga por el producto. El precio de la botella de licor es establecida por el mercado de precios o por las regulaciones estatales.

Los precios son otro tema por sí mismos. Usted puede, en teoría, elevar los precios cuando usted guste. Esto bajará los índices de costos siempre. Digamos por ejemplo, que usted introduce un 10% de aumento general. Usando el ejemplo, con el que usted está ahora familiarizado, obtendrá $ 55.00 Dólares de ingresos por una botella que cuesta 10.00 Dólares.

Las cuentas cambiarían de la siguiente forma:

$$\frac{\$\ 10.00\ (\text{Costo del Licor})}{\$\ 55\ (\text{Ingresos por Licor})} = .181\ \text{o}\ 18.1\%$$

Como puede ver, al aumentar los precios usted incrementa sus ganancias, esto bajará el índice de costos. Usted incrementará el índice de costos. En lugar de 20% ahora teneos un 18.1%.

Por supuesto, si usted baja los precios, sucede lo contrario. Usted aumentará el índices de costos. Por ejemplo, si usted baja los precios en un 10% el ejemplo anterior resulta en lo siguiente:

$$\frac{\$\ 10.00\ (\text{Costo del Licor})}{\$\ 45\ (\text{Ingresos por Licor})} = .222\ \text{o}\ 22.2\%$$

Con en un incremento en el índice de costos del 22.2%. En ocasiones, como en el caso de la introducción de la hora feliz, un bar es forzado a bajar sus precios y a incremental sus índices de costos.

Claro, subir precios puede ser complicado y los precios están sujetos a presiones económicas. Algunas veces usted no puede subir los precios y continuar siendo competitivo. Sin embargo, algunas veces el precio tampoco es un objeto.

Los bares de destino, arenas deportivas, centros turísticos y casinos pueden cobrar frecuentemente lo que quieren y la gente lo pagará. Sin embargo usted como gerente,

tendrá siempre la necesidad de sopesar cuidadosamente cualquier decisión con respecto a los precios y el efecto que tendrán en los resultados de su bar.

Estableciendo Objetivos de Índices de Costos Razonables

Es muy importante que usted sea realista pero al mismo tiempo agresivo en sus objetivo de índices de costos. Esto es muy importante. Usted necesita entender que siempre van ha haber algunos desperdicios en un bar. Esto es inevitable. Sin embargo, necesita que este sea su objetivo y el propósito de este libro es el de reducir desperdicios (y robos) a su nivel más bajo posible. El establecer metas imposibles solo traerá el efecto de causar fracasos y frustración y en el peor de los casos, la apatía del personal sobre los costos. Esto puede ser un cáncer en la moral y en las ganancias de un bar con personal.

El Control de Costos significa Agregar

En la industria de restaurantes y bares, no hay una varita mágica que haga que sus costos mágicamente caigan en sus expectativas. El control de costos efectivo es, ante todo, sobre manejo y control de cualquier punto por pequeño que sea por donde el dinero pueda perderse previniendo el desperdicio y el robo. En esencia el control de costos es ante todo sobre sumar (esto es la suma total) esfuerzos por pequeños que sean tanto por su parte, como por el equipo gerencial y de los empleados.

Por ejemplo, hay una pequeña diferencia ente el costo de tres aceitunas en un Martini contra cuatro aceitunas, sin embargo, estos pocos centavos cuentan y, si usted o su equipo gerencial eliminan o previenen pequeños problemas como este, por medio de una administración eficiente, en el curso de un mes, un trimestre o un año, estas pequeñas mejoras pueden sumar a decenas de dólares de utilidad adicional para su negocio.

Adicionalmente, cada vez que usted ve o elimina desperdicios o robos, o corrige un comportamiento, usted está sumando a la eficiencia total de su establecimiento y esta haciendo su trabajo más fácil. La eficiencia se suma de la misma forma que los ahorros se suman.

Si usted es el dueño de un bar, la suma de todos estos esfuerzos pueden ser un gran incremento en el rendimiento de su inversión. Si usted trabaja en una compañía y maneja un restaurante o un bar, esto también puede significar bonos, aumentos de sueldo, y aumento de beneficios lo es apreciado por todos.

Así que, donde sea que esté trabajando, piense siempre en agregar. Cada pequeño detalle cuenta y merece nuestra atención. Inculque esto en sus gerentes asistentes (si los hay) y en cada miembro de su personal. Recuerde, es en el mejor interés de todos los involucrados. Los restaurantes y bares rentables no cierran y obligan a los ex empleados a buscar trabajo en otro lado y las empresas que no son rentables no ofrecen participación en las ganancias, seguros más baratos, ni igualar planes de ahorros gubernamentales.

Si usted puede crear una cultura en el personal que aprecie el control de costos por medio de la suma de esfuerzos, su bar estará sin duda en el camino hacia la eficiencia y la rentabilidad.

Rentabilidad del Licor

No es ningún secreto que vender licor a menudeo puede ser muy rentable. Por esto hay tanta gente queriendo invertir en bares. Echemos un vistazo a algunos números para que estemos completamente seguros de esto.

En los Estados Unidos la mayoría de las botellas de licor se venden en cantidades de 750 ml. Al convertir esto en onzas, que es la forma en la que se miden los tragos, hay 25.36 onzas fluidas por cada 750 ml de licor en la botella. Un trago común es de 1.25 onzas, lo que significa que hay 20 tragos (para ser más exactos 20.288) por botella de licor.

Si usted compra una botella barata de licor a un costo por botella de $ 8.00 Dólares (lo cual es un estimado alto) y la vende a $ 3.00 Dólares por trago, ¡usted convirtió una inversión de $ 8.00 Dólares en $ 60.00 Dólares! Esto significa una ganancia bruta del 650%, la cual no toma en cuenta todos los costos indirectos de manejar un bar como renta, costo de empleados, etc., pero le da a usted la idea de que hay una gran cantidad de dinero que puede hacerse de la venta de licor.

Este último ejemplo fue usando una botella de buen licor. Pero ¿qué pasa si es un licor calidad premium? Ahora asumamos que la botella de alcohol cuesta $ 50.00 Dólares para que su bar la venda en $ 8.00 Dólares por trago. Bueno, ahora que usted sabe que cada botella contiene 20 tragos usted sabe que la venderá por $ 160.00 Dólares. Esto significa una ganancia de $ 110.00 Dólares por botella o sea le 200%. Note que el margen de ganancias de licores premium son menores pero en realidad usted hace mucho más dinero en términos de dólares y centavos.

Desde el punto de vista del propietario de un bar, sin embargo, usted quiere vender tanto licor como pueda. El costo es bajo y tiene una muy buena ganancia por su inversión. Adicionalmente, usted no quiere atar su capital en botellas de licor caras que van a estar en sus vitrinas por años antes de que se terminen. Una buena botella no dura mucho en un bar.

Considere una Selección Semi-Premium

Una selección semi-premium puede ser un buen punto de venta para el licor en su bar. Una selección semi-premium es una selección que se caracteriza por marcas de alcohol reconocidas de bajo costo. Estos no son de los más elevados por si mismos, pero tampoco son de los más bajos.

Existe una gran cantidad de sentido financiero en este tipo de estrategia. La ventaja más obvia es que usted puede cobrar un poco más por una selección semi-premium. Mucha gente estará de acuerdo con pagar $ 4.00 Dólares por un trago de una marca conocida, en lugar de $ 2.00 Dólares por un licor no conocido. Esto también puede ayudar dramáticamente a su margen de utilidades. He aquí como. En lugar de irse por gangas de vodkas de poca calidad que cueste $ 6.00 Dólares por botella, usted derrocha y compra una marca reconocida por $ 12.00 Dólares por botella. Un trago del licor de $ 6.00 Dólares cuesta $ .30 Dólares. Una botella de semi-premium que cuesta $12.00 Dólares costará $.60 Dólares por trago. Ahora bien, en lugar de ganar $ 2.00 Dólares de ganancia por trago usted gana $ 4.00 Dólares. Con la inversión adicional de $ .30, usted efectivamente está doblando sus ganancias.

Los clientes frecuentemente mostrarán más preferencia por su bar basado en una selección semi-premium. Ellos sienten que están recibiendo una mejor calidad en su bar que en otros. Es completamente posible que su bar esté mucho mejor financieramente, sirviendo un licor barato pero usted debería por lo menos considerar una selección semi-premium. Ultimadamente es su bar y usted conoce mejor a sus clientes, y está en mejor posición para tomar decisiones al respecto.

La Rentabilidad del Vino

El vino es una buena opción, se vende también en botellas de 750 ml. Esto significa que ya sabemos que, al igual que la botellas de licor, hay 20.288 onzas de vino en cada botella estándar. El vino es generalmente servido en porciones de 5 onzas. Esto significa que en cada botella hay:

$$\frac{20.288 \text{ Onzas de Vino}}{5 \text{ Onzas}} = 4.05 \text{ Copas por Botella}$$

Los precios del vino varían considerablemente a través del espectro, desde unos cuantos dólares hasta muchos miles de dólares por botella. Sin embargo, no es poco común vender una copa de vino en un bar por el mismo precio que una botella al mayoreo. Es una buena idea irse lo más cerca posible a este promedio como sea posible. En esta situación, usted estará haciendo un margen de ganancias de 300%.

Desgraciadamente, esto no es posible para todas las botellas de vino. En algunos casos, usted puede necesitar vender dos copas para pagar por la botella, pero usted nunca debe excederse de esta cantidad. Esto significa que el margen más bajo de ganancias que un propietario puede esperar es del 100%.

Rentabilidad en la Cerveza

La cerveza es menos lucrativa que el licor, pero sigue siendo un artículo muy lucrativo para ser vendido en su bar. Además, la cerveza es más comúnmente vendida en muchos bares debido a su bajo contenido de alcohol (una cerveza se bebe más despacio) y el costo de la cerveza es menor al de muchos cocteles. Adicionalmente, hay un elemento social que permite el consumir cerveza a la hora del almuerzo, mucho más aceptable que un Martini al medio día.

Con el fin de entender mejor que tan lucrativa es la venta de cerveza, veamos un ejemplo.

Asumamos que usted compra un barril de cerveza por $ 100.00 Dólares. Este es un precio justo para muchas cervezas de marca que son vendidas alrededor del mundo. En los Estados Unidos un barril tiene 15..5 galones de cerveza (58.67 litros). Un galón de cerveza es igual a 128 onzas fluidas. Comúnmente se sirve cerveza (en los Estados Unidos) en tarros de 16 onzas. Esto significa que un barril contiene:

$$\frac{15.5 \text{ galones} \times 128 \text{ Onzas}}{\text{Onzas a servir 16 Onzas}} = \frac{1984 \text{ Onzas}}{16 \text{ Onzas}} = 124 \text{ Tarros de 16 Onzas}$$

Ahora que ya sabemos cuantas cervezas hay en un barril, podemos fácilmente calcular el costo que su bar deberá pagar por servir una cerveza. Para lograr esto vamos a dividir el precio del barril entre el número de cervezas que contiene o sea

$$\frac{\text{Precio por Barril}}{\text{Número de Cervezas en un Barril}} = \text{Costo por Pinta (1 pinta}$$

En nuestro ejemplo, esto resultaría en:

$$\frac{\$ 100.00 \text{ (Precio del Barril)}}{124 \text{ (Pintas en cada Barril)}} = \$ .081 \text{ Precio por Pinta}$$

Usted puede ver por el costo, que el vender una pinta de cerveza por aún $3.00 Dólares es muy lucrativo. Para ser exactos, esto sería una ganancia de 270% de margen de ganancia. El proceso anterior puede ser repetido para calcular los índices de costos de cualquier barril de cerveza.

Ahora, este ejemplo analizó el costo de una pinta de cerveza de una marca de cerveza producida en masa. Actualmente hay muchas cervecerías artesanales que subsisten por medio de ofrecer un lote pequeño con todos los tipos de variaciones de estilo. El precio de estas cervezas varía bastante. Como es una tendencia, tienden a ser más caras. Esto es en gran parte debido a la falta de escala de economía ofrecida por las grandes cerveceras. A pesar de que estas cervezas tienden a ser más caras, los clientes las pagarán más por ellas con gusto y usted puede ofrecerlas a un mayor precio. Generalmente el margen de utilidades vendrá a ser similar.

<u>El Costo Nunca Significa Bajar la Calidad</u>

Como gerente efectivo, es importante que usted entienda que mientras usted está tratando de controlar los costos, siempre es una muy mala idea hacerlo bajando la calidad de los productos de su bar.

Si usted tiene una clientela base establecida, ellos se han ya acostumbrado a ciertos estándares en su bar. El hecho de que sigan regresando constantemente es un testimonio del hecho de que usted está haciendo algo bien. Un cliente satisfecho es un activo invaluable, aunque intangible, que necesita ser protegido.

Si, usted puede bajar el costo de un coctel usando jugo de naranja concentrado en lugar de jugo fresco recién exprimido. Sin embargo, en muchas ocasiones hay una marcada diferencia de sabor que será notada por los clientes regulares. Si sus precios continúan igual, ellos pueden sentir que los está exprimiendo, y si se molestan lo suficiente puede ser que no regresen.

Lo mismo puede decirse de los alcoholes que usted sirve. Hay muchos vinos baratos que usted puede servir por copa y llamarlo vino tinto o blanco de la casa. Sin embargo, la calidad del vino puede ser muy aparente e igualmente puede ser notada por los clientes regulares.

Si usted puede encontrar un producto de la misma calidad, a menor costo, esto puede ser una buena decisión de negocios. Y estos pueden ser encontrados si usted los busca. Hable con diferentes distribuidores y proveedores y sepa lo que ofrecen. Los distribuidores estarán felices de que usted pruebe sus productos con la esperanza de obtener pedidos de su negocio. Vaya a degustaciones de clubs de vinos locales y pruebe diferentes wiskis cuando salga socialmente. Pero siempre tenga en cuenta, como gerente, que usted siempre necesita proteger los productos que ofrece. No permita que la calidad sea una víctima de sus esfuerzos por reducir y controlar los costos. A largo plazo, sus clientes lo sufrirán y también su bar.

Los Costos Nunca Son Sobre Tratar de Engaña a Sus Clientes

Muchos cantinero y propietarios de bares han tenido la tentación de mejorar sus índices de costos y las utilidades de sus bares por medio de engañar a sus clientes. Generalmente esto toma la forma de servir tragos con una cantidad menor de licor (sirviendo un medio trago en lugar de uno completo que es lo que se ordenó), o sirviendo un buen licor cuando se ordenó un licor Premium. Otra técnica despreciable es el llenar las botellas Premium con licores buenos.

Estas prácticas son muy reprochables, y no deberían nunca ser usadas para mantener los costos en línea o para aumentar utilidades. Las consecuencias pueden ser desastrosas. Si los clientes se dan cuenta de esta práctica, dejaran de venir a su bar, le dirán a todos los que conocen sobre esto y su negocio puede fracasar. Si, por otro lado, las compañías de licor llegan a saber de estas prácticas, pueden demandarlo por daños a su marca y dejarlo a usted sin nada. Yendo más allá, esto es simplemente un robo a sus clientes quien ultimadamente pagan sus cuentas. Siempre recuerde que debe respetar a sus clientes. Ellos son los que pagan sus cuentas.

Una buena administración aunado a técnicas efectivas de control de costos son más que suficiente para mantener los costos en línea y para asegurarse que su bar es bastante lucrativo.

Índice de Costo de la Educación del Personal

Es mi opinión muy particular, que nunca es una mala idea que su personal esté consciente del concepto de índice de costo, así como del último índice de costo mensual de su bar. Esto puede llevarse a cabo mediante memos puestos en lugares visibles, en juntas mensuales con el personal o simplemente a través de conversaciones. En la actualidad, la mayoría de las compañías no quieren publicar lo que están haciendo en términos de ganancias. Este tipo de información en las manos equivocadas, puede causar problemas. Evite decir cantidades de dinero, y simplemente apéguese a las ideas de índices de costos altas o bajas, a la eficiencia y al desperdicio. Estos números y conceptos son útiles y pueden ser entendidos sin necesidad de ponerles valores monetarios.

El informar a sus personal sobre los índices de costos tiene muchos más beneficios que sería muy tonto ignorar. En primer lugar, le permite a su personal saber que usted está poniendo atención y está teniendo un seguimiento de los costos. Esto ayuda a poner a la gente al tanto de que cualquier malversación como el robo o el desperdicio, será encontrado rápidamente y serán atendidos inmediatamente. Nadie quiere perder su trabajo.

Decirle a sus empleados sobre sus índices de costos actuales crea una métrica en la que usted está midiendo el desempeño de sus empelados, y contra la cual ellos pueden también medirse. En muchos casos, la gente quiere un buen trabajo. Permitiéndole a sus cantinero saber donde están en términos de índices de costos, es una excelente forma de ayudarlos a mejorar y les da un sentido de orgullo. Usted también puede informarles esto al mismo tiempo que establece metas. "Muy bien, este mes estamos a un 18%, el próximo mes tratemos de llegarle al 17.5 %". Este tipo de retos puede ser atractiva para los empleados. Dependiendo de propiedad y manejo de su bar, usted hasta puede unir una meta a un tipo de estructura de bonos. Dependiendo del tamaño y volumen de su bar, un .5% menos en el costo del licor puede añadir decenas de miles de dolores al balance final durante el curso de un año. Pagar $ 100.00 Dólares a un cantinero puede ser un incentivo que vale la pena considerar. Otra idea es añadir dinero al fondo de la fiesta del bar. Esto recompensa el arduo trabajo de todos. También una fiesta de la compañía puede ser una buena forma de fomentar el espíritu de compañerismo.

Por último, introduzca a sus empleados al concepto de índices de costos y haga que se acostumbren a usarlo entre ellos y a establecer metas alrededor de ellos, esto puede ser una gran idea para preparar a empleados para oportunidades futuras en la administración. Es un personal bien capacitado aquél que está completamente familiarizado con el concepto de índices de costos y objetivos.

Flexibilidad y Experimentación

Como lo dije anteriormente, no hay una varita mágica que pueda darle índices de costos perfectos para su bar. Cada bar es diferente y solo usted puede decidir cual es la mejor forma para controlar sus costos. Usted necesita ser flexible y asumir una actitud experimental. Trate un método y si le sirve, continúelo. Si no le sirve, siga a delante o cambie a un método que le sirva para su situación particular.

También, sus empleados pueden ser una gran fuente de información e ideas. No tenga miedo de hablar con ellos. Muchos bares están llenos de empleados veteranos en la industria. Ellos habrán trabajado en diversos bares y ambientes en los que usted no tiene experiencia. En muchos casos, ellos tienen experiencias que pueden ser muy útiles. Les puedo asegurar que de hecho, muchas de las mejores ideas que he encontrado en mis años en la industria, han venido de empleados que trabajaron bajo mi mando.

Siempre esté Atento a las Ventas y Descuentos

En 1933 el congreso de los Estados Unidos derogó la prohibición. En ese momento el gobierno federal le pasó la responsabilidad de la regulación de la venta del alcohol a los estados. Desde ese momento, cada estado emitió leyes sobre el control de la compra de bares de alcohol a ser vendida a menudeo.

En algunos estados, usted puede comprar alcohol directamente a través de distribuidores de alcohol. En algunos estados, entidades gubernamentales fueron conformadas para ejercer el monopolio del estado en la venta del licores de alta graduación. En un extremo, Carolina del Sur incluso ordenó que el alcohol que se vendía en barras solo podía verterse en mini botellas de 50 ml. Esta ley fue derogada recientemente, pero se mantuvo durante muchos años.

Donde sea que usted compre su alcohol, los precios van a fluctuar con el tiempo. Aun en los estados con monopolios, tendrán remates de vez en cuando para controlar sus inventarios. Siempre es una buena idea abastecerse de inventario cuando se reduce el precio. Esto significa que se reducen los costos de producción de bebidas y se aumenta el margen de ganancia. Esto siempre es bueno para el balance final de un bar.

También, si usted opera un bar en un estado con distribuidores de bebidas alcohólicas privadas, asegúrese de comparar precios y siempre encuente los mejores precios. Esto también bajará sus costos y aumentará su margen de ganancias.

La Mejor Forma de Controlar Costos, es Incrementar Ventas

Antes de dar por terminado este capítulo, quiero dejar un punto perfectamente claro. En cualquier bar, la forma más efectiva de control y hasta para bajar sus costos, es el incrementar sus ventas.

Recuerde que un índice de costos es conformado como sigue:

$$\frac{\text{Costo de Productos}}{\text{Venta de Productos}} = \text{Índice de Cos}$$

Asuma que en su mayor parte, sus cantinero están haciendo todo lo que deben hacer. Ellos están usando dispositivos de medición y sirviendo sus bebidas perfectamente. Excelente. Si embargo, una noche, una persona ordena un ron con cola. En vez de hacer un ron con cola el cantinero accidentalmente hace un tequila con cola. Nadie va a pagar por esto. Entonces tienen que tirarlo. Esto sucede todo el tiempo. Ellos tienen que desperdiciar un trago y se pierde la ganancia.

Asuma que el trago desperdiciado costó $ 1.00 Dólar. Ellos ponen un ron con cola y cobran $ 5.00 Dólares como ganancia de esto. El costo del ron es también $ 1.00 Dólares. En esta situación, el índice de costos se vería así:

$$\frac{\$\ 2.00\ (\text{costo de ambos tragos})}{\$\ 5.00\ (\text{ingresos recibidos})} = .40\ o\ 40\%$$

Ahora, la misma persona regresa más tarde y compra otro ron con cola, otra vez por $ 5.00 Dólares. Todo es servido a la perfección y nada es desperdiciado. Otra vez el ron y cola cuesta $ 1.00 Dólar para producirse. Ahora el índice de costos se ve como sigue:

$$\frac{\$\ 3.00\ (\text{costo de 3 tragos})}{\$\ 10.00\ (\text{ingresos recibidos})} = .30\ o\ 30\%$$

Como puede ver, el hecho de vender un coctel más ha bajado el índice de costos de 40 % a 30 %. Esta es una reducción del 25%. Ahora bien, este es un simple ejemplo, pero usted puede fácilmente expandir esta idea, y ver cómo vender $ 1,000.00 Dólares, puede realmente ayudarlo a minimizar el impacto del desperdicio. En este caso, el índice del costo sería:

$ 201 (costo de 200 tragos más uno desperdiciado) = .201 o 20.1 %
$ 1,000.00 (doscientas bebidas con un valor de ingresos)

Ya que, en este ejemplo, cada trago cuesta $ 1.00 Dólares y es vendido por $ 5.00 Dólares, el absoluto índice de costos mínimo es 20%. Después de vender 200 bebidas con un desperdicio de uno, vemos que el índice de costos *actual* es de 20.1% el cual es extremadamente bueno. Es por eso que agregar ventas es tan importante en términos de control de costos.

Ahora, este concepto solo aplica a desperdicios, mientras que el robo es completamente diferente. Alguien que roba puede fácilmente destruir sus índices de costos y arruinar la rentabilidad de su bar. Este tema es abordado en el Capítulo 3.

Fijando Precios

Con el fin de mantener buenos índices de costo, usted necesita asegurarse de que usted entiende cómo se fijan los precios en su bar. También es importante que usted entienda cómo afectan sus precios a sus índices de costos.

El primer paso para fijar un precio, es determinar el costo de producción de una bebida. Esto es bastante fácil. La técnica que se muestra aquí, va a servir para todo. Usted puede usarla para determinar el costo de la cerveza, el vino, el licor, etc. Solo recuerde que siempre es:

$$\frac{\text{Porción Servida}}{\text{Tamaño del paquete}} = X$$

$$X \times \text{costo del paquete} = \text{costo de la porción}$$

Vamos a empezar con un ejemplo para ilustrar cómo se hace. En este ejemplo, queremos determinar el costo de un coctel Lemon Drop. Un Lemon Drop se hace con 1.5 onzas de vodka, .75 onzas de Triple sec, 2 onzas de jugo de limón y 2 cubos de azúcar. Ahora bien, una botella de vodka de 750 ml (recuerde que 750 ml es igual a 20.288 onzas) cuesta $ 7.00 Dólares, una botella de Triple sec cuesta $ 6.00 Dólares, un medio galón de jugo de limón cuesta $ 3.00 Dólares, y una caja de cubos de azúcar cuesta $ 3.00 Dólares.

Para determinar el costo del coctel, tiene que determinar el costo de cada componente de la receta.

$$\frac{1.5 \text{ onzas de vodka}}{20.288 \text{ onzas por botella}} = .074$$

$$.074 \times \$ 7.00 \text{ por botella} - \$ .52$$

Esto significa que las 1.5 onzas de vodka en la receta del coctel cuesta $ 5=.52. Repitiendo este proceso con el triple sec, tenemos lo siguiente:

$$\frac{.75 \text{ onzas de triple sec}}{20.288 \text{ onzas por botella}} = .037$$

$$.037 \times \$ 6.00 \text{ por botella} = \$ .22$$

Las .75 onza de Triple sec en el coctel cuestan $ .22. Ahora, para determinar el costo del jugo de limón, usted necesita saber que medio galón contiene 64 onzas. La cuenta es básicamente la misma:

$$\frac{2 \text{ onzas de jugo de limón}}{64 \text{ onzas por jarra de ½ galón}} = .031$$

$$.031 \times \$ 3.0 \text{ por botella} = \$ .09$$

Esto significa que el jugo de limón en un Lemon Drop le cuesta al bar $.09.

Por último, tenemos los cubos de azúcar. Ahora bien, asumamos que estos vienen en una caja de 200. Otra vez la cuenta es básicamente la misma.

$$\frac{2 \text{ cubos de azúcar}}{200 \text{ cubos por caja}} = .01$$

$$.01 \times \$ 3 \text{ por caja} === \$.03$$

Los cubos de azúcar cuestan $.03. Para finalizar, sumemos todos los costos: $ .52 del vodka, $ .22 del Triple sec, $.09 del jugo de limón y $ .03 de el azúcar. El total es de $ .86 Dólares. Este es el costo de producir un Lemon Drop (sin embargo esto no toma en cuenta el trabajo, lavado de loza, etc). Este es el número que usted necesita para establecer el precio.

Asumamos que su bar tiene una meta de índice de costos para el alcohol de alta graduación del 20%. Esto significa que usted quiere que el coctel sea 1/5 del precio, o de otra manera, usted quiere que el precio del coctel sea cinco veces su costo. Usando nuestro ejemplo del Lemon Drop con un costo de $ .86, usted necesitará fijar el precio del coctel en $ 4.30 (5 x $ 86).

Bueno, este número es un poco extraño, y usted probablemente pueda subirlo a $ 4.50 sin ningún problema. Sin embargo, el hacer estos cambios cambiará el índice de costos. Veamos cómo.

Efecto de Precios en los Índices de Costos

Continuando con el ejemplo de un Lemon Drop de la sección anterior, asumamos que usted establece el precio de $ 4.50 en lugar de $ 4.30. $ .86 es exactamente el 20% de $ 4.30. Sin embargo, con el precio establecido en $ 4.50, el índice de costos cambia de la siguiente manera:

$$\frac{\$ .86 \text{ (costo del Lemon Drop)}}{\$ 4.50 \text{ (precio del Lemon Drop)}} = .191 \text{ o } .19.1\%$$

El índice de costos para producir un Lemon Drop en realidad ha sido bajado a 20%. Esto significa que cada vez que usted vende un Lemon Drop, el efecto neto es el ayudar a reducir su índice de costo de alcohol de alta graduación por debajo de su meta del 20%.

Ahora, veamos el otro lado de la moneda. Si, por otro lado usted piensa que $ 4.50 es un precio muy alto y decide bajar el precio de un Lemon Drop a $ 4.00 Dólares. ¿Cuál sería el efecto en su índice de costos? ¿Cuál sería su efecto en el índice de costos del alcohol de alta graduación?

Regresemos otra vez a echarle un ojo a las matemáticas. Resultaran en lo siguiente:

$$\frac{\$ .86 \text{ (costo del Lemon Drop)}}{\$ 4.00 \text{ (precio del Lemon Drop)}} = .215 \text{ o } 21.5\%$$

Al cambiar el precio, repitiendo otra vez, se altera el índice de costos. En este caso, lo empuja por arriba de la meta total de alcohol de alta graduación de un 20% a un 21.5%. Esto significa que, el efecto neto de vender un Lemon Drop en su bar es que usted empujará el índice de costos total por arriba de su meta.

Esto es un ejemplo básico bastante sencillo de la forma en que establecer precios puede afectar el índice de costos total. Una buena idea se el revisar sus precios en base trimestral. En este punto, usted puede comparar recetas con su costo de producción actual. ¿Son estos realísticos? ¿Necesitan los precios tener una alza? Los precios fluctúan con el tiempo y una revisión de precios necesita ser parte de su plan de negocios total del bar.

Aumentando sus Ventas

Hay muchas diferentes formas de incrementar sus ventas. A continuación hay tan solo unas pocas ideas rápidas que son muy simples y relativamente baratas de implementar.

Descuentos Dobles

Los descuentos dobles pueden ayudarlo a mover el licor. Con esta idea, usted vende una bebida doble, que resulte más barato que dos individuales. Esto puede convencer a alguien a comprar una bebida doble por digamos $ 5.00 Dólares en lugar de un individual por $ 3.00 Dólares.

Matemáticamente esto puede ser un buen negocio para su bar. Su bar puede estar recibiendo un margen de ganancias menor, pero al final, está poniendo más dinero en el banco. Esto, después de todo es el objetivo final de cualquier esfuerzo de prevención de robo o desperdicio.

Claro que usted necesitará asegurarse de que esta práctica es aceptable con las autoridades locales de control de alcohol y usted necesita observar todas las leyes concernientes a parar el servicio a personas intoxicadas.

Agregue un Menú de Comida

Al agregar un menú simple de comida usted incrementará sus ventas (si es que no está ya contemplado por ley). Cacahuates/maníes, pretzels, y papas fritas pueden ser añadidas instantáneamente y están disponibles en empaques individuales. Estas pueden ser vendidas a la clientela y no requerirán invertir en una cocina u obtener una licencia. Los sándwiches/emparedados casi no requieren invertir en una cocina más allá que su refrigeración y pueden ser preparados rápidamente. Usted puede realzar este tipo de menú fácilmente con sándwiches a la parrilla y un microondas y esto no requiere la instalación de conductos especiales.

Las comidas congeladas se mantienen muy bien y junto con una freidora, pueden agregar comida frita a su menú que sea una comida caliente, sabrosa y barata. Estos productos son siempre bien vendidos en un bar. Usted sin embargo necesitará checar los códigos de construcción locales y las leyes contra incendios para obtener una licencia.

Agregar y Promover Licores y Combinaciones

El agregar licores y combinaciones a su bar puede también aumentar sus ventas. Muchos cocteles ahora involucran bebidas energéticas y los clientes están más dispuestos a pagar un dinero extra por estas combinaciones. También, usted deberá saber qué tipo de alcoholes son populares en la actualidad. Asegúrese de tenerlos a la mano y de promoverlos en cualquier menú que usted tenga. Las compañías de licor se asocian con celebridades para hacer que sus productos sean parte de la cultura popular. Esto puede ayudarlo a usted a vender licores.

Por otro lado, usted puede promover licores ya existentes con posters distribuidos por distribuidores de licor, maquinas de enfriamiento y eventos de chicas en su bar. Esto es algo que usted puede organizar por usted mismo, aunque muchos distribuidores de licor estarán felices colaborar con estos eventos y hacer saber que venden y promueven sus productos.

Concursos de Ventas

Los concursos de ventas pueden ser una buena idea para que su personal venda más un producto en particular como la cerveza, el vino o el licor. Esencialmente usted estará creando una competencia entre sus meseros para ver quien puede vender más y el ganador se lleva un premio.

Usted puede diseñar concursos de ventas de la manera que usted necesite para su negocio. Usted puede hacer categorías de concursos (uno de cerveza, otro de vino o de licor). Usted puede tener un concurso para ver quien puede vender más de una marca en particular. Usted puede hacer un concurso por una noche o por periodos más largos de tiempo. Yo conozco a gerentes que han organizado a su personal en equipos y han tenido concursos de todo un mes. Esto crea cierta rivalidad de equipo que ayuda a las ventas y al entusiasmo.

Con respecto a los premios, el dinero en efectivo siempre es bueno pero bebidas y tarjetas de regalo también sirven bien.

Hora Feliz

Ahora parece que todo el mundo anda buscando ofertas y formas de hacer rendir más su dinero. La verdad es que a la gente siempre le han gustado las ofertas. Y esto es por lo que la hora feliz se ha diseñado.

La hora feliz, solo para estar en la misma página, es un periodo durante el cual un restaurante o un bar ofrece comida con descuento, botanas/tapas/canapés y bebidas con descuento. El mejor momento para ofrecer una hora feliz es fuera de sus horas normales con más movimiento. De esta manera, sus horas normales con más movimiento permanecen así, y agrega negocios y ventas en los momentos más lentos. Esto, en teoría, produce una ganancia neta en los ingresos. Las horas felices también tienen el efecto adicional de presentar su bar a nuevos clientes. Esto significa que también puede agregar clientes y ventas durante sus períodos normalmente más ocupados.

Sin embargo, usted necesita tener cuidado cuando agrega una hora feliz. La primera cosa que necesita hacer antes de proceder es checar con las autoridades locales de licor. Algunas veces, estas organizaciones tienen regulaciones sobre descuentos en el alcohol. Asegúrese de que tiene esta parte saneada antes de proceder.

Una vez que esto ha sido hecho, usted necesita asegurarse de construir un menú para su hora feliz que traiga menos utilidades, pero que siga siendo lucrativo. Usted quiere asegurarse de que la clientela está obteniendo buenos precios, sin embargo no puede regalar su bar. También, es mejor empezar despacio al establecer precios para su hora feliz. Siempre puede descontar más si lo necesita, pero va a molestarles a los clientes y creará una mala impresión si usted se hecha para atrás de la hora feliz o si aumenta precios.

La última y más importante decisión que usted necesita hacer con respecto a introducir la hora feliz es asegurarse que las hora son útiles para su bar. Una hora feliz debería traer gente cuando normalmente no lo haría. Si usted ya tiene horas con mucha actividad y buenas ventas, déjelo así.

Promueva la Degustación

Solía ser cierto que las opciones de cervezas y vinos en los bares era muy limitada. Sin embargo, en los últimos 30 años ha habido una explosión de cervecerías y vinaterías artesanales. La destilación artesanal también empieza a enraizarse en muchas partes de los Estados Unidos. Estas operaciones producen productos muy finos, generalmente locales que usted o sus clientes no conocen.

La comunicación con su distribuidor o las visitas a degustaciones es una gran ida para exponerse a sí mismo a nuevos productos que pueden ser de interés para sus clientes.

Una vez que los esté sirviendo en su bar, usted puede introducirlos a sus clientes ofreciéndoles una variedad de degustaciones. Una vez que los clientes están más familiarizados con sus productos, ellos estarán más dispuestos a comprarlos.

Además, poniendo porciones y pecios en una bandeja de degustación es frecuentemente igual a varios vasos y también cuesta más que un solo vaso. Esto significa que usted está incrementando sus ganancias y bajando sus índices de costos.

Las bandejas de degustación como esta, son una muy buena idea para presentar nuevos productos a sus clientes.

Cervezas y Vinos del Día

El tener especiales de cerveza, vinos y cocteles diariamente es una excelente forma para dar a sus clientes la sensación de que están recibiendo una oferta. Al mismo tiempo, usted puede usar esta técnica para ayudarse a presentar nuevos productos a sus clientes.

Un buen momento para usar esta técnica es cuando usted presenta una nueva cerveza o un nuevo vino. A lo mejor consiguió un muy buen precio en una caja o en un barril de su distribuidor. Si usted ofrece esto como el especial del día, usted tendrá más oportunidad para hacer su debut entre sus clientes regulares lo cuales puede que les guste lo suficiente para hacerlo su bebida regular. Frecuentemente los distribuidores le van a ofrecer descuentos especiales en nuevos productos para que usted pueda hacer exactamente esto y seguir teniendo una buena utilidad.

Si usted decide tener un especial del día de algún tipo, no es una mala idea hacerlo del conocimiento de sus clientes. Si nadie sabe sobre esto, usted no va a vender nada. Usted puede hacer que sus empleados les digan a sus clientes, usted puede imprimir menús con los especiales del día, o también escribirlo en un pizarrón para que todos lo vean. Una vez que sus clientes empiecen a acostumbrarse a la idea del especial del día, ellos empezarán a preguntar y a checar el pizarrón.

Menú de Especiales.

Una de las herramientas más poderosas para incrementar sus ventas e influir en las decisiones de sus clientes es una hoja especial. Todo lo que es, es un menú impreso que presenta cocteles, platillos de comida, botanas, etc. Estos productos pueden estar disponibles en su bar en cualquier momento, pero al estar en una hoja especial, sobresaldrán y serán más notados.

Por ejemplo, digamos que usted tiene una muy buena oferta en un Scotch Premium y quiere que sus clientes se enteren de ello. Póngalo en un menú especial. Otro buen uso del menú especial sería el usarlo para presentar cocteles de temporada apropiados. Digamos que la temporada de calor está llegando, muestre todos los refrescantes de verano que su bar puede elaborar. Lo mismo aplica para el invierno. La gente buscará algunas bebidas calientes. Solo ponga una lista en su menú especial y vea lo que se vende.

El menú especial también ayuda con sus costo por medio de potencialmente incrementar sus ventas por igual. Por ejemplo, imagine que unos clientes entran a su bar. Es un día caluroso y quieren un coctel refrescante. Bueno están pensando en un gin and tonic que cuesta $ 4.00 Dólares. Se sientan y ven su menú especial. Se dan cuenta de que hay un especial que suena bastante sabroso que usted tiene el cual promueve jugos tropicales y ron. Este cuesta $ 8.00 Dólares. Deciden derrochar un poco y se van por el coctel de $ 8.00 Dólares. Muy bien, usted ha duplicado sus ganancias. Puede pensar, bueno ellos podrían haber comprado dos gin and tonic, pero la verdad es que usted nunca lo sabrá. Recuerde que más vale pájaro en mano que cien volando.

Para ayúdalo a visualizar este escenario, piense un poco en qué puede poner en su menú especial. Deben ser productos que sean ligeramente más caros que aquellos que vende frecuentemente. Esto ayuda a aumentar las posibilidades de mejores ingresos. Adicionalmente, el promover cosas nuevas y frescas en su hoja especial es una forma de presentar a sus clientes con nuevos productos.

No se va a arrepentir de hacerlo.

Lista de Licores

Si un cliente está parado enfrente de su barra, pueden ver todos los licores que usted tiene desplegados. Sin embargo, puede que usted tenga algunos almacenados en alguna área que el cliente no puede ver o del que no se da cuenta. ¿Qué pasa si el cliente está sentado en una mesa? ¿cómo se supone que sepa los productos que ofrece? Bueno, usted puede esperar que sus meseros y cantineros sepan todos los licores que usted tiene, pero esto no es realista. Me sorprendería mucho si el gerente sabe todos los licores que se ofrecen y mucho menos lo sabrá el que los sirve.

La forma más eficiente y fácil de atacar este problema, y de asegurarse que sus clientes tienen acceso a esta información si la quieren, es por medio de una lista de licores en cada mesa.

Esta lista estará junto con la lista de vinos la cual es más popular, en un libro bien decorado. De esta forma, sus cliente pueden verlo cuando ellos quieran y sus meseros y cantineros pueden estar entrenados para señalárselo a sus clientes. Todo esto tiene un efecto neto en aumentar la concientización de sus clientes sobre los productos que ofrece. Esto nunca será mala idea para su negocio.

Conclusión

En este capítulo hemos discutido la idea básica de los índices de costo. El trabajar en y lograr un índice de costos positivo es uno de los trabajos más importantes y difíciles que un gerente de un bar o restaurante pueda tener. Adicionalmente, hemos discutido varia formas en las que puede incrementar ventas y bajar costos. Ahora que usted entiende bien estos conceptos, así como la rentabilidad de los productos que usted va a vender, estamos listos para pasar a discutir cómo puede eliminar el desperdicio y el robo en su bar.

Capítulo 2
Controlando el Desperdicio

El desperdicio, para efectos de este libro, se define como la pérdida no intencional de producto debido a la negligencia, a malos procedimientos o a accidentes. El desperdicio, junto con el robo son los dos problemas más importantes que causan que los índices de costos suban incontrolablemente y que las ganancias bajen.

Recuerde que usted no puede eliminar por completo los desperdicios, usted solo puede controlarlos. Siempre hay accidentes. Se rompen botellas y los cantinero mezclan mal las bebidas. Como gerente su objetivo debe ser el comprender por qué y como ocurren estos desperdicios, cómo implementar procedimientos que prevengan y controlen el desperdicio y la necesidad de entrenar apropiadamente al personal. Estos pasos reducirán los desperdicios a un nivel controlable.

El Concepto de Pérdida de Ganancias

Ante de que nos metamos a fondo al análisis del desperdicio, quiero dejar claro un concepto y este es el concepto de la pérdida de ganancias. La pérdida de ganancias es una consecuencia negativa del desperdicio. Esencialmente lo que significa es que en lugar de vender producto, su bar está pagando por el, usted esta tirando y no tomando dinero. Esto es la pérdida de ganancias.

Un ejemplo, como siempre, ayudará a hacer este punto más claro. Imagine que un cantinero sirve un trago de wiski. Este cantinero no mide el wiski sino que lo sirve directamente hasta que él decide que hay suficiente en el vaso. En realidad, en vez de servir 1.25 onzas en el vaso, hay 1.75 onzas, o sea un 40% más de lo que debería contener. El cantinero entonces vende el trago a $ 5.00 Dólares.

Ahora, con respecto al precio, 1.75 onzas de wiski deberían ser vendidos por $ 7.00 Dólares no en $ 5.00. En este ejemplo, .5 onzas se han regalado. Eso es todo lo que interesa, La pérdida del licor no esta en el nivel que debería estar y pudo haberse vendido al cliente más adelante por $ 2.00 Dólares. Esto es una pérdida de ganancia y el daño del desperdicio.

El Otro Lado de la Moneda: Gastar de Más

El otro lado de la moneda en cuando a desperdicios concierne, es gastar de mas en su inventario.

Usando el mismo ejemplo anterior, voy a ilustrar cómo puede ser también una gran fuga en el flujo de efectivo de su negocio. Imagine que las .5 onzas de licor que han sido desperdiciadas cuestan $ .40 centavos por trago, o $ 20.00

Ahora imagine que el cantinero hace el mismo error 20 veces al día. Bueno, esto significa que está regalando $ 4.00 Dólares de licor (al costo) diariamente o sea $ 1,460.00 Dólares al año. Esto es el valor de $ 1,460.00 Dólares de licor que usted compro y que no necesitaba. Imagine si usted tiene cinco cantinero en su personal, ¡y que todos están haciendo lo mismo!

Mala Técnica

El principal desperdicio de producto es debido a malas técnicas de vertido. Tanto la cerveza como el vino y los licores, todos tienen formas especiales en las que deben ser vertidos. En las siguientes páginas voy a detallar la técnica apropiada de vertido para cada tipo de alcohol. Esto es con la idea de que usted esté entrenado y pueda pasar las técnicas apropiadas a su personal.

Estas técnicas de vertido han sido tomadas de mi otro libro *Conceptos básicos de la bebida: una guía completa para principiantes* (ISBN 978-1448644681). Este libro está disponible en muchass tiendas en línea.

Técnicas de Forma de Vertido

Instrucciones para el vertido de Cerveza

El primer paso cuando se sirve una cerveza de un dispensador con dióxido de carbono, es colocar el vaso a una pocas pulgadas del dispensador en ángulo agudo tal y como se muestra en la figura de la derecha. **No permita que la boca del dispensador toque el vaso.** Esto puede romper el vaso o contaminarlo.

Abra todo el grifo jalando hacia usted. La cerveza comenzará a fluir. El acercamiento al dispensador y el ángulo del vaso acortarán la caída de la cerveza y reducirán en gran medida la espuma que resultará.

Conforme se va llenando el vaso, reduzca el ángulo del vaso para que eventualmente la cerveza sea vertida en con el vaso derecho como se muestra en la Figura de la derecha.

Esto tiene el efecto de crear la espuma en el vertido final. A esto se le llama "coaccionar la corona". Este movimiento ayudará a asegurar que la cerveza tiene una corona apropiada y el sabor completo de la cerveza puede ser disfrutado por el cliente.

NO abras implemente el grifo y permita que la cerveza espume en un vaso sin ángulo. Esto causará que la cerveza espume y llene todo el vaso

Si vierte demasiada corona, no la desplace simplemente dejando que toque el grifo y llene el vaso hasta el nivel adecuado, como en la imagen. Esto causa mucho desperdicio.

En lugar de esto, recoja el exceso de corona con una cuchara y repita el proceso de vertido con el vaso parcialmente lleno. Si necesita, retire la espuma porsegunda vez.

Técnicas de Vertido de Alcohol.

Verter con un jigger significa verter el alcohol usando un medidor de bebidas. Un medidor de bebidas es un instrumento de medición de metal pequeño que elimina los desperdicios si es usado correctamente. El medidor de bebidas tiene dos vasos o copas en la mayoría de los casos. Uno sirve para tragos completos y otro es para medios tragos. El vaso a usar depende de la receta para la elaboración de un coctel.

Para usar un jigger o medidor de bebidas, sosténgalo sobre el vaso. De esta manera, si derrama cualquier licor caerá en el vaso. Esto se muestra en la figura de abajo. Llene el medidor hasta el tope y cuando esté llena el medidor, deje de verter líquido. Después ponga la orilla del medidor de bebidas sobre el vaso para que al verterlo todo el licor caiga en el vaso. No llene el medidor y vacíe mientras sigue vertiendo licor en el medidor. A esto se le llama "hacer cola" y es un desperdicio de licor y pérdida de ganancias.

Un jigger/medidor de bebidas, es una gran herramienta que asegura que solo la cantidad de licor correcta es vaciada en un coctel. Esta herramienta elimina el desperdicio.

Verter con un medidor de bebidas requiere un poco de práctica. Usted va a derramar un poco al principio. Para ayudarlo con esto tenga una botella, un medidor de bebidas y un vertedor angular. Llene la botella con agua y solo empiece a verter. Una pequeña práctica de esta manera te ayudará mucho a la larga.

La otra manera de medir un trago se le conoce por "vertido por conteo libre". El vertido libre es el proceso de verter el líquido directo de la botella al vaso o al mezclador. No hay ningún dispositivo de medición en este proceso. En lugar de ello, el cantinero cuenta en su cabeza mientras vierte el licor. Generalmente una "cuenta de cuatro" es usada para un trago y una "cuenta de dos" para un medio trago. Cuente rápido. No es necesario decir "Mississippi" o "Hippopotamus" mientras usted está contando. Simplemente cuente "uno, dos, tres, cuatro" y pare.

Cuando use un jigger/medidor de bebidas llénelo hasta el tope sobre el vaso. Rápidamente Tire el licor en el vaso cuando este esté lleno. Esto ayudará a prevenir derrames.

Usted no va a verter exactamente un trago en una cuenta de cuatro cuando usted está empezando a verter libremente. Usted va a necesitar refinar su sentido del tiempo. Esto es también logrado con la práctica. Empiece el vertido libre y use su cuenta. Vacíe un trago y después con el medidor de bebidas mida lo que sirvió. Si es mucho, usted contó muy rápido. Si es menos, entonces usted contó más lento. Después de un poco de práctica, lo hará automáticamente.

Los Medidores de Bebidas son Herramientas de Consistencia

Una buena forma de ver un medidor de bebidas, y venderlo a sus clientes, es como una herramienta de consistencia. Cuando un cantinero mide el alcohol y otros ingredientes en un coctel, este siempre será el mismo coctel cada vez que ordenen uno en su bar. Esto significa que si sus recetas son buenas, sus bebidas serán buenas cada vez y sus clientes empezarán a esperarlo. Cuando sus cliente pueden contar con una buena bebida en su bar siempre que vayan, mucho de el trabajo duro que hace usted en cuanto a control de costos y en administrar un bar lucrativo, estará hecho. Algunas personas siempre se quejan. Esto es algo que usted necesita aceptar y aprender a manejar.

Colas

Cuando un cantinero llena un medidor de bebidas y lo vacía en un un vaso, pero continua vaciando licor de la botella, a esto se le llama una cola. Las colas pueden ser un cáncer para los índices de costos del licor y es una terrible pérdida de su producto. No es una exageración decir que cuando un cantinero vacía una cola, está desperdiciando entre .25 y .50 tragos **CADA VEZ.** Para un coctel de $ 4.00 Dólares, esto representa $ 1.00 - $ 2.00 de pérdida de ganancias para cada coctel que hace. En una noche con mucho tráfico, esto puede rápidamente llegar hasta los cientos, si no es que hasta los miles de dólares. Si usted piensa que sus cantineros están vaciando colas, usted necesita encontrarlos y poner fina esta práctica rápidamente.

La mayor parte del tiempo que un cantinero que está vaciando colas, él no se está dando cuenta de lo que está haciendo. De alguna forma, cuando aprendieron a ser cantineros, ello agarraron un mal habito y se han quedado con el desde entonces. Los malos hábitos pueden ser difíciles de quitar. En situaciones como esta, el entrenamiento es la mejor respuesta. Si usted ve a uno de sus cantineros vaciando una cola, deténgalo y señale su error y demuestre el procedimiento adecuado. De esta forma usted sabe que ellos están entrenados en la forma correcta. Una vez que esto ha sido hecho, usted puede corregirlos como considere necesario (otra vez, de acuerdo con las reglamentaciones del departamento de recursos humanos o con su abogado) llegando hasta su reemplazo. Sin embargo, la primera línea de defensa siempre deberá ser la identificación del problema y el entrenamiento en cuanto corresponde a las colas. Usted puede tener un buen cantinero y empleado que simplemente necesita refinar sus técnicas un poco. En muchos casos, solo una vez será necesario pero usted necesita mantenerse vigilando para asegurarse que los hábitos no regresan.

Las colas que no son un accidente o parte de un mal habito son un robo y son tratadas en el siguiente capítulo.

El Vertido del Vino

Como mencioné en el Capítulo 1, un vertido estándar de vino es de 5 onzas fluidas. Sin embargo, no se acostumbra ya sea llenar el vaso cuando se vierte el vino, o medir el vino que se vierte. Esto significa que sus meseros y cantineros necesitan poder verter un vaso de vino a simple vista solamente. Sus empleados van a tener que acostumbrarse a esto. Esto puede ser difícil y es un reto el entrenar debidamente al personal.

En mi experiencia, usted necesita entrenar a su cantinero para el éxito. En la mayoría de los casos, las personas quieren hacer un buen trabajo y seguir las reglas. Y puede ayudar a controlar el desperdicio simplemente proporcionando a los cantineros las herramientas adecuadas para hacer su trabajo.

Una medida de vino es la herramienta adecuada. Una medida de vino es una en la que en su bar, donde copas de vino son llenadas con una sustancia durable al nivel que usted quiere que sus vinos sean servidos. Por una sustancia durable quiero decir algo que no se eche a perder como arroz, trigo o granos de café.

Cinco onzas se ven diferentes en diferentes vasos. Ayude a sus cantineros por medio de hacer medidas de vino como estas. Estos vasos están llenados con 5 onzas de arroz.

Con esta herramienta en su bar, sus cantineros podrán rápidamente checar los niveles que sirven visualmente. Esto ayuda a acostumbrarlos a lo que debería ser un vertido adecuado en el vaso. Adicionalmente, usted como gerente puede rápidamente checar su trabajo al comparar cualquier vaso de vino esperando a ir a las mesas contra la medida.

Esto es muy simple (por no mencionar barato) con un sistema de dos partes para ayudarlo a controlar sus vertidos de vinos y por extensión los costos. El primero es el proveer herramientas útiles, fáciles de usar para que los cantineros hagan su trabajo correctamente. El segundo es mostrarles que usted va a checar sus niveles de vertido para proveer una retroalimentación constructiva y útil.

Guía de Bebidas Personalizadas

Cada bar debería tener una guía de cocteles personalizadas. Esta guía debería ser específica para su bar y debería ser diseñada para ser usada por sus cantineros para saber exactamente cómo quiere la gerencia que ellos sirvan cada bebida que usted ofrece.

Esta guía debería listar:

- El nombre de la bebida

- La receta de la Bebida. Sea específico y enumere **EXACTAMENTE** cómo es mezclado cada coctel.

- El Vaso Adecuado

- La Decoración Adecuada

- El Costo al Menudeo

Si usted trabaja en un bar que no tiene una bebida personalizada, usted tiene un problema. Si su bar no tiene una guía, sus cantineros no sabrán como mezclar una bebida y solo adivinarán el contenido, generalmente llegando al desperdicio o a una bebida mal elaborada. Pero, si por otro lado, su bar está usando una guía publicada comercialmente, usted necesita asegurarse que sus cocteles están cotizados para la receta en ese libro y no por algo diferente. Si los precios no concuerdan con las recetas, usted puede estar perdiendo mucho dinero.

Si usted no tiene una guía de bebidas, o no está seguro si los precios están apegados a una que usted está usando actualmente, el hacer una guía "correcta y oficial" con la información anterior, debe ser una prioridad principal. Esto le va a tomar algún tiempo, pero es una buena inversión para proteger sus índices de costos.

De igual forma, una vez que usted ha completado su guía de bebidas personalizadas de su bar, asegúrese de tener almacenado un formato electrónico en algún lugar seguro. Esto le va a salvar mucho tiempo si usted decide que tiene que actualizar o cambiar recetas más adelante.

Decorado Adecuado

Al mismo tiempo de que usted se asegura que cada bebida tiene su receta correspondiente en su bar, usted necesita asegurarse de que cada bebida tiene su decoración estándar. Las decoraciones son importantes. Hacen que las bebidas se vean atractivas añaden un valor de percepción. También hacen que las bebidas se vean divertidas. El comerse el decorado de un Bloody Mary, es tan gratificante al paladar como la bebida en sí.

Las decoraciones son necesarias para hacer que una bebida sea más atractiva y para agregarle valor. Sin embargo usted necesita controlar estos costos.

Sin embargo, todas esas aceitunas, espárragos, cerezas y piñas no son gratis. Para llevarlas a su bar y ponerlas en las orillas de sus bebidas usted tiene que pagar por ellas. Usted necesita cerciorarse de que son las apropiadas y que no van a ser desperdiciadas. Si un cantinero está poniendo Siete aceitunas en cada Martini, ellos están desperdiciando las aceitunas (las aceitunas por ejemplo, pueden ser muy caras).

En su guía de bebidas personalizadas, usted necesita tener la información sobre las decoraciones estándar que van con cada bebida y en qué cantidad. Usted quiere que sus cantineros sepan esto tanto como la receta de la bebida. Nunca deben estar adivinando o usando su propio talento creativo.

Control de la Corona

En *Conceptos Básicos De La Bebida: Una Guía Completa Para Principiantes*, hago hincapié en que la corona de una cerveza es esencial para el sabor de la cerveza, pero desde el punto de vista del gerente, hay otro problema con la cerveza que no tiene nada que ver con la corona.

Puede que a primera vista no sea una gran cantidad de cerveza, pero el llenar el vaso hasta la orilla del vaso con cerveza añade una o dos onzas de líquido al producto final que no debería estar ahí.

Esta es una pérdida de cerveza, y consecuentemente, resulta en pérdida de utilidades en su bar.

Veamos qué tanto desperdicio hay en esto. Asumamos que sus cantineros llenan cada vaso al tope. Asumamos que estas son dos onzas extra por cada pinta de cerveza. Asumamos que usted vende un barril de cerveza o 124 pintas por semana. Esto significa que usted está perdiendo:

2 onzas x 124 pintas vendidas x 52 semanas por año = 12,896 onzas desperdiciadas

$$\frac{12{,}896 \text{ onzas}}{16 \text{ onzas (una pinta)}} = 806 \text{ pintas desperdiciadas al año}$$

Asumamos que usted vende una pinta de cerveza por solo $ 3.00 Dólares, entonces usted está literalmente perdiendo $ 2,418 Dólares al año solo por el vertido inadecuado de la corona. Este número y el hecho de que sus clientes están recibiendo una cerveza sin gas y sin sabor (he conocido a muchos clientes que envían sus cerveza de regreso por no tener la corona de la forma adecuada) debería lograr que usted siempre se asegure que las cervezas de su bar tienen la corona adecuada en cada una de ellas.

El vaso de la izquierda tiene más cerveza que el de la derecha. Sin la corona apropiada, la cerveza carece de sabor y está sobrellenada y desperdiciada.

Usando el Vaso Adecuado

No importa si usted sirve un trago en un vaso de vino, un vaso de una pinta o en un vaso para tragos. Si el trago está debidamente medido, habrá la misma cantidad de licor en cada vaso. Sin embargo, cuando usted prepara bebidas con unas mezclas caras como: Jugo fresco de naranja, bebidas energéticas y la mezcla de un Bloody Mary, el usar el vaso incorrecto puede crear un desperdicio de la mezcla y de dinero.

Mezclar vodka y una bebida energética en un vaso de 16 onzas de pinta en lugar de en un vaso de highball, requiere que se agreguen varias onzas extras de mezclas. Igual que en la sección anterior, esas pequeñas onzas se van sumando y disparan sus índices de costos fuera de línea. Las bebidas energéticas fácilmente le cuestan a su bar $ 2.00 Dólares por lata. Esto puede significar un costo para su bar de hasta $.20 Dólares por onza de producto.

En su guía de bebidas personalizadas, es importante que usted especifique qué vaso debe ser usado con cada coctel y cerciorarse de que sus cantineros lo saben bien. Haga preguntas. Si usted ve que una bebida sale en un vaso erróneo asegúrese de llamarle la atención a su cantinero y que lo corrija inmediatamente.

Vertedores de Tres Bolas

Los vertedores de tres bolas son una adición relativamente reciente en el equipo que usted debe comprar para su bar. Estos vertedores tienen tres bolas de metal adentro de la boquilla que miden con precisión la cantidad de alcohol que es vertida. Cada vez que la botella es volteada hacia abajo, solamente cierta cantidad va a salir.

Este sistema ofrece la apariencia del vertido libre, que a los clientes les fascina ver, con la medición eficiente de bebidas, lo que es un gran negocio. La mayoría de los clientes no se dan cuenta que los tragos están siendo medidos a menos que vean con cuidado mientras la bebida se está vertiendo, pero la mayoría no.

Los vertedores de tres bolas automáticamente miden los tragos mientras que dan la apariencia de que es un vertido libre a sus clientes. Estas son ambas una gran forma de controlar sus gastos y crear un bar lucrativo.

Estos vertedores están disponibles en varios colores y capacidades. Usted puede ordenar desde un cuarto de onza hasta muchas onzas. Adicionalmente, estos vertederos también se venden calibrados al sistema métrico y van desde 5 ml hasta 100+ ml.

Estos vertedores pueden ayudarlos a controlar sus costos significativamente. Si están pegados a cada botella, no hay medidor de bebidas que se olvide y no hay lugar para pasarse vaciando en cuenta libre. Estos vertedores son más caros que los otros tipos de vertedores (pueden ir hasta $ 50.00 Dólares por docena), pero vale la pena invertir en ellos.

Una última situación a considerar es que los vertedores de tres bolas, como todo, se gasta con el tiempo. Por lo que no es una mala idea probar sus vertedores periódicamente para asegurarse de que siguen debidamente calibrados. Un bar lleno de vertedores que están midiendo inadecuadamente es peor que un mal cantinero.

Sistemas Computarizados de Vertido

Quisiera incluir en unas cuantas palabras los sistemas computarizados de vertido. El presente no pretende tener una completa discusión sobe estos sistemas. Estos sistemas están evolucionando rápidamente. Para mayor información o para información más actualizada, consulte las revistas de la industria de bares. Estas frecuentemente contienen tanto publicidad como discusiones sobe los sistemas más actuales disponibles.

Es posible eliminar por completo el desperdicio en un bar usando sistemas de vertido computarizados. El único problemas para esta opción es que estos sistemas pueden ser algo caros. Es usted quien debe decidir si este sistema es apropiado para su bar. Para decidir si estos sistemas son apropiados para su bar, usted necesita hacer un simple análisis de costos-beneficios. Para esto, compare el costo del sistema contra el promedio de desperdicio en su bar (esto será necesario que sea estimado por usted) multiplicado por el número de años que el sistema se espera que esté en operación.

Además de eliminar desperdicio, el robo es prácticamente eliminado por completo con uno de estos sistemas a través de un mecanismo y otro.

Junto con la eliminación de desperdicios y robo, estos sistemas pueden agregar una buena cantidad de eficiencia en su establecimiento. Servir los tragos en una pistola y al tener estaciones de mezclado, ponen todos los ingredientes que un cantinero necesita literalmente, solo con apretar un botón. Esto significa que no hay que lidiar más con los ingredientes para alcanzarlos en el refrigerador o buscar una botella de licor. Estos sistemas también le permiten usar botellas más grandes de un galón. Esto elimina tener que cambiar los vertedores y baja el inventario. También, dependiendo de las leyes de licor locales, esto puede permitirle capturar más cantidad de descuentos en botellas grandes. Esto significa que los cantineros pueden pasar más tiempo sirviendo bebidas y generando más ganancias que en surtir el bar y en encontrar ingredientes.

Otra parte muy atractiva de estos sistemas es su consistencia. Estos son lo máximo en bebidas pre-proporcionadas que serán siempre iguales. Otra vez, si sus recetas son buenas y están cotizadas apropiadamente, mucho del trabajo en control de costos en su bar estará hecho.

Tragos en una Pistola

Una de las formas más comunes de sistemas automáticos de dispensadores de alcohol es el dispensar directamente el alcohol igual que lo hace un dispensador de refresco/gaseosa/soda. Con este tipo de sistema, hay un botón en la pistola para cada tipo de alcohol.

Cuando un cantinero quiere hacer una bebida, digamos un ron con cola, presiona el botón del ron y después usa la pistola del refresco/gaseosa/soda para añadir la cola. ¡Tan simple como eso!

Estos sistemas pueden estar directamente conectados con los sistemas POS (Sistema d Punto de Venta) del bar para automáticamente registrar cualquier bebida. Además del hecho de que el licor está encerrado en un cuarto trasero y los cantineros tiene limitado acceso a él, esto prácticamente elimina completamente el robo en un bar.

Estos sistemas son fantásticos para una base de buenos licores que se verterán en cualquier bar. ¡Recuerde que estos son los que son más robados! Para alcoholes no buenos, algunos de los otros sistemas que serán descritos puede que sean más apropiados.

Sistemas Vertedores Inalámbricos Computarizados

Lo último en tecnología en bar proporcionado automático y capacidad para inventariar es un sistema inalámbrico, habilitados con microchips y vertedores automáticos. Estos vertedores contienen un mecanismo interno que automáticamente vierte la cantidad exacta de alcohol que usted determine cada vez que la botella es volteada hacia abajo como si fuera un vertedor de tres bolas. Sin embargo, estos vertedores también se comunican inalámbricamente con una computadora en un cuarto trasero que automáticamente rastrea el inventario. Estos sistemas pueden también ser conectado para registrar la venta en un sistema POS (Sistema d Punto de Venta).

Ya que estos tipos de vertedores son los más modernos y mejores, ellos son también los sistemas más caros disponibles al momento de imprimir ese libro. Sin embargo, esta es una herramienta que, como una nueva adición, muy excitante para el manejo de un bar para controlar costos. Conforme estos sistemas sean más comunes, los precios deben bajar.

Vertedores Cableados Atrás del Bar.

La tecnología sin cables que está constituida como lo último en sistemas que fue descrita anteriormente, suma costos al sistema. Para bares que están fuera de la vista de los clientes (como bares de servicio), hay una opción más económica.

Este es el sistema de vertedores cableados. Este sistema es exactamente igual al sistema inalámbrico descrito anteriormente, sin embargo, en vez de usar la tecnología inalámbrica, un cable conecta el vertedor a la computadora rastreadora. Otra vez, por medio de esta conexión a una computadora, el inventario es automáticamente actualizado. Adicionalmente, estos sistemas pueden ser conectados al sistema POS.

Estaciones de Mezclado Automático

Las estaciones automáticas de mezclado son un paso más allá de los tragos servidos con pistola. Estas estaciones de mezclado son realmente, cantineros automáticos. El cantinero es en realidad el operador de la máquina.

Con estas máquinas, se pone un vaso debajo de la mezcladora y se presionan los botones de los ingredientes. A continuación, la máquina dispensa automáticamente cantidades personalizadas pre-proporcionadas en el vaso.

Estos sistemas también pueden ser interconectado con el sistema POS del bar para registrar las bebidas a una cuenta automáticamente. Adicionalmente, estos sistemas pueden también ser interconectados para generar automáticamente inventarios mensuales y visualizarlos.

Repitiendo nuevamente, con el alcohol fuera del control de los cantineros, el robo es prácticamente eliminada. Sin embargo con las mezclas ahora pre-proporcionadas y controladas, el desperdicio es mayormente eliminado también.

Preservando el Vino

Tanto el alcohol destilado como la cerveza de barril tienen una larga vida útil. De hecho, con contadas excepciones como con la Crema Irlandesa, el alcohol destilado puede estar en los anaqueles por un largo periodo, de hecho hasta años. Es por eso que los cowboys en el Viejo Oeste siempre ordenaban y bebían wiski. Este era la única bebida que no se echaba a perder sin refrigeración. De hecho, esto es el por qué la destilación se hizo popular en primer lugar. El proceso conservaba la cosecha hasta que podía ser consumida.

Desafortunadamente, esto no puede decirse del vino. El vino puede ser un producto bastante caro dependiendo con la variedad y vendimia. Por supuesto un vino no abierto puede mantenerse en buen estado por años, si se hace apropiadamente. Sin embargo, si usted sirve vinos por vaso dese la botella, usted tiene una ventana muy corta entre el momento en que es abierta la botella de vino y cuando se echa a perder y es buena solo para cocinar o para tirarse en el caño.

El principal culpable en esta situación es el oxígeno. Cuando una botella de vino es sellada con un corcho, o con los cada vez más usados corchos sintéticos o, el mejor de todos, los tapones de rosca (sí, en realidad tienen la tasa más baja de fallas), el vino no está expuesto al oxígeno. En cuanto una botella es abierta, el oxígeno inmediatamente entra y empieza a descomponer el vino por medio del proceso conocido como oxidación. Esto al final echará a perder el vino y hará que sepa a cartón mojado. La forma en que se puede extender la vida de una botella de vino abierta es el minimizar el contacto entre el oxígeno y el vino. Hay tres métodos que vamos a discutir.

Sellos de Vino

Los sellos de vino son absolutamente necesarios para extender la vida de un vino. Estos son pequeños tapones que son insertados en la boca de la botella de vino abierta, con la palanca en la posición hacia arriba. Una vez que el tapón está asegurado en la botella, la palanca se mueve a la posición hacia abajo (como se muestra en la foto). Esta acción expande un arillo de goma dentro de la botella. Esto hace un sello muy fuerte que previene que el oxígeno entre a la botella de la atmósfera exterior.

Los sellos de goma para vino son absolutamente necesarios para preservar el vino.

Los sellos de goma para vino son un componente muy necesario para preservar el vino, pero no remueven el oxígeno que está en la botella para lograr extender la vida del vino, tan solo previenen que entre más oxígeno. Para realmente sacar el oxígeno, estos sellos deben ser usados junto con uno de los otros métodos que van a ser descritos.

Gasificación del Vino

El Argón es un tipo de gas que está presente en pequeñas cantidades en la atmósfera de la Tierra. De hecho, usted lo está respirando en este momento al leer esto. El Argón es un miembro de los gases conocidos como "gases nobles". El Helio, que es usado en globos, es otro tipo de gas noble. Estos gases son llamados "nobles" porque son químicamente inertes, esto significa que no reaccionan con los químicos del vino y no los destruyen como lo hace el oxígeno.

Ya se dijo que el Helio es un gas noble que puede ser usado para preservar el vino, pero porque es más ligero que el oxígeno, el oxígeno va a desplazar el Helio y oxidará el vino. Esto no sucede con el Argón. El Argón es de hecho más pesado que el oxígeno y va a desplazar cualquier oxígeno cuando se rocía dentro de una botella abierta.

Sin embargo el Arón por sí solo no es suficiente. Una compañía llamada Private Preserve, ofrece una mezcla propietaria de dióxido de carbono, nitrógeno y argón para preservar los vinos. Esta mezcla aísla y mantiene el oxígeno lejos del vino. Esto ayuda a que el vino mantenga su sabor y aumentará dramáticamente el tiempo que usted puede mantener abierta una botella de vino de calidad para ser servida a la clientela.

Private Preserve™ es un maravilloso producto que es simple de usar yque dramáticamente aumenta la vida de su vino. La foto es una cortesía de Private Preserve. Para más información, visite www.privatepreserve.com .

Aún más, este producto no es solo bueno para vinos. Si su bar tiene grandes inversiones en scotches, brandis, coñacs y tequilas de alta calidad, este producto también les puede ayudar a estos productos a prevenir su oxidación. Si usted es el propietario de un bar y sirve vinos o bebidas con alcohol, definitivamente debe considerar este producto.

Aspiradora de Vino.

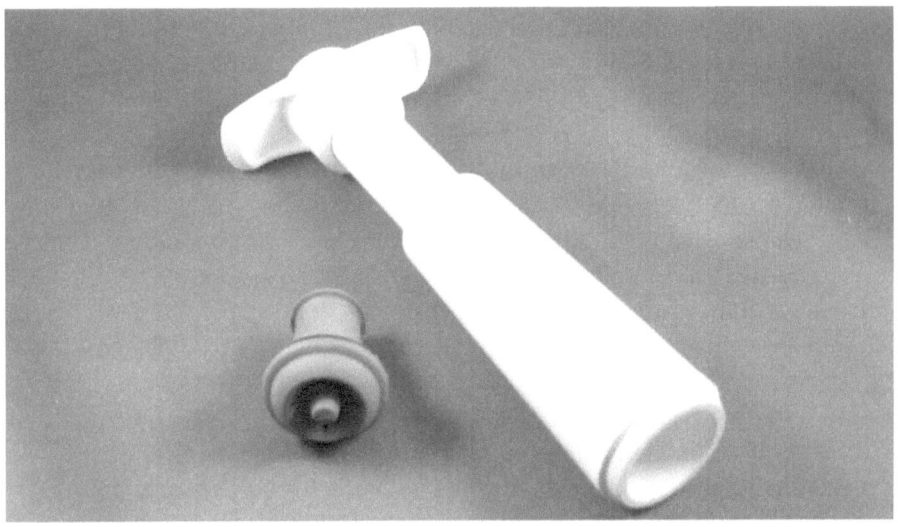

Una aspiradora de vino manual como esta, y el tapón especial, removerá mucho del oxígeno de una botella de vino abierta. Esto ayudará a conservar el vino.

Estas aspiradoras son baratas y fáciles de usar pero deben de ser usadas con los tapones sellados especiales de la aspiradora. Usted necesitará comprar un tapón por separado para cada botella que vaya a sellar.

Este método ayudará a preservar el vino, pero dado que es imposible crear un vacío perfecto, que no contenga oxígeno, el vino no durará para siempre. Además, en mi opinión, gasear el vino es más efectivo. Sin embargo, estos pueden ayudar a extender la vida del vino. Todavía necesitará realizar un seguimiento de cuánto tiempo está abierta la botella y, cuando esté cerca de su fecha de vencimiento, empújela como oferta especial.

Fechando el Vino

Siempre es una buena práctica en un bar el fechar cualquier botella de vino que se abra. El vino solo tiene unos tres días antes de que inicie la oxidación y comienza a degradar gravemente el producto. Esto es cierto incluso, si está gaseando o sellando al vacío el vino.

Usted no quiere que su cantinero nocturno abra una botella de vino y anote la fecha, dejándola simplemente en el bar. Luego, cinco días después, su cantinero diurno, que no sabe nada sobre cuándo se abrió esa botella, vierte un vaso de este vino oxidado a uno de sus clientes. El sabor del vino será terrible, los clientes supondrán que usted sirve vino de mala calidad (o que su bar tienen malos hábitos) y no comprarán más vino. Quién sabe, es posible que ni siquiera vuelvan a tu bar. Todo esto se puede evitar simplemente escribiendo la fecha en cada botella al momento de ser abierta. Cualquier vino de más de tres días de antigüedad no se debe servir a ningún cliente. Es mejor desperdiciar el vino que darle un vaso malo a un cliente.

Por supuesto, debe asegurarse de que está educando a sus cantineros sobre la oxidación del vino y entrenándolos para que chequen siempre la fecha en una botella antes de servirla. También es una buena idea entrenar a sus cantineros para que invariablemente anoten la fecha en la parte posterior de la botella en un lugar discreto. A muchos entusiastas del vino les gusta mirar una botella de vino. Esta es una parte tan importante del arte como las notas de la carátula en un CD. No quiere que miren la etiqueta de la botella solo para ver una fecha de dos días, escrita con marcador permanente negro en el frente.

Vender Vino Por Vaso vs. Vino Por Botella

Si usted tiene algo que decir sobre los vinos que son ofrecidos por su bar, es que es una buena idea seleccionarlos cuidadosamente para proteger sus finanzas.

Usted debe de pensar cuidadosamente sobre este problema. A mayor cantidad de botellas que usted tenga abiertas, es menor la posibilidad de que usted las venda todas antes de que algún vino se eche a perder. Recuerde que usted solo tiene un par de días. Muchos bares pequeños con una extensa carta de vinos por vaso tendrán que tiran más vino del que venden.

Usted debe de tener de hecho un vino rojo y uno blanco. Estos serán sus vinos básicos de la casa. Una buena mezcla de Cabernet / Merlot responderá bien para los vinos tintos. Los bebedores de Cabernet amarán el cuerpo y los bebedores de Merlot encontrarán el vino bastante agradable también. En los últimos años, los Pinot Noirs se han vuelto populares también debido a su aparición en el cine y los excelentes Pinot Noirs provenientes de California y Oregón. Si vierte un segundo rojo por copa, debería ser un Pinot Noir.

Los vinos blancos por copa son un poco más difíciles. Mientras que una buena mezcla contestará bien a muchos paladares de vino rojo, lo mismo no es cierto para los vinos blancos. Un Riesling es dulce, mientras que un Pinot Gris tiene una acidez refrescante que ayuda a limpiar el paladar. Estos son dos vinos blancos muy diferentes y un bebedor de vino dulce no apreciará un Pinot Gris. Usted debe considerar ofrecer un vino blanco dulce y uno seco pero tratar de limitarse a estos dos lo más posible.

El Champagne es un vino con el cual usted debe tener cuidado al ofrecerlo. El Champagne perderá su carbonatación incluso más rápido de lo que tarda en echarse a perder haciéndolo inutilizable. Además, el champán es un producto caro que se va por el desagüe. A menos que tengas una clientela fuerte en el desayuno y sirvas muchas mimosas (algunos bares lo hacen) probablemente deberías evitar el champaña. Una opción que puede considerar si está decidido a tener champaña es en la presentación de media botella. Una media botella es una pequeña botella que sirve alrededor de dos vasos. Estos pueden satisfacer a los bebedores de Champán sin hacerles comprar una botella de tamaño normal. En cambio, compran la parte completa. De esta forma, sus costos no estarán en peligro por el desperdicio.

Por otro lado, cerciórese que sus cantineros no abran un vino que solo es servido por botella para vaciarlo por copa. A pesar de que esto es un buen servicio al cliente, tiene un costo terriblemente alto para usted. Recuerde que usted quiere encontrar el balance perfecto entre un buen control de costos y servicio al cliente. Si usted tiene una selección decente de vinos por copa, debe de haber un vino que haga feliz a su clientela. Recuerde, ellos siempre pueden comprar la botella si la quieren lo suficiente.

Seguimiento de Fechas en Otros Productos Perecederos

Prestar atención a las fechas de deterioro en otros productos en su bar, también es absolutamente necesario. Esto debe hacerse por dos razones. En primer lugar, debe hacer esto para asegurarse de que está protegiendo la salud de sus clientes evitando al máximo sirvir productos echados a perder. En segundo lugar, debe realizar un seguimiento de las fechas para asegurarse de que el producto no se está echando a perder y se desperdicie. Ejemplos de productos para vigilar son los jugos, las frutas, los productos lácteos, las claras de huevo y los productos de café.

La rotación de productos es una herramienta obligatoria para garantizar que los productos no estén descompuestos. Esto implica la simple colocación de un nuevo producto detrás del producto anterior para garantizar que el producto más nuevo se use primero. ¡Esto definitivamente debería ser parte de tu programa de entrenamiento!

Si el producto está descomponiéndose, debe a la vez reducir la cantidad de producto que está ordenando. Reduzca la cantidad de producto que solicita y que mantiene en inventario para asegurarse de que el producto no esté en mal estado antes de poder usarlo.

Trabajando con los Proveedores

Asumamos que usted quiere vender un coctel con frutas del bosque frescas. Las frutas del bosque frescas pueden descomponerse fácilmente y usted no está seguro que las va a usar en kilos/libras completas en varios días entre el tiempo en que se entrega su producto. ¿Qué puede hacer para prevenir que se descompongan y desperdicien?

En esta situación, la primera acción a tomar será hablar con el proveedor y platicar con él su problema. Estos negocios sobreviven vendiendo sus productos a negocios como el suyo. Necesitan de usted, y quieren que usted sea un cliente que esté tan satisfecho tanto como usted quiere que sus clientes estén satisfechos. En la mayoría de los casos, usted puede trabajar con los proveedores y programar entregas en varios días si lo necesita.

Otra opción a discutir son los pedidos a plazo abierto con sus proveedores. Esto sucede cuando usted va a su local y escoge el producto que usted necesita. Cualquier buen proveedor estará dispuesto a ayudarlo. Si alegan con usted y tratan de decirle que no pueden suplir el producto en múltiples días o que no permiten pedidos a plazo abierto, entonces usted necesita buscar otro proveedor.

Programa De Especiales Diarios Para Evitar El Desperdicio

En el Capítulo I, una de las ideas que se sugirieron para ayudarlo a incrementar sus ventas es el de tener especiales diarios. No hay ninguna razón por la cual usted no pueda usar esta técnica para prevenir que ocurran desperdicios.

Si usted tiene una botella de vino que ha sido abierta y que está acercándose a la fecha de descomposición (pero no ha llegado a ella), será una buena candidata para el especial del día. Si usted espera a que el vino se descomponga será un desperdicio, pero si usted lo vende a mitad de precio, usted puede recuperar sus costos y quizás hasta tener una ganancia.

Esto también funciona para los jugos. Si tiene un poco de jugo de naranja que va a pasar a su fecha de vencimiento, trate de usar una promoción como un cóctel del día, o tal vez un destornillador/screwdriver. Si vende suficientes de estos, el producto no se desperdicia.

Obsequiar Vino

Otra forma de disponer del vino que va a pasar a su fecha de vencimiento es el obsequiarlo. Esto puede ser extraño, pero puede ser algo positivo para su bar a la larga.

El mayor atractivo para literalmente regalar el vino es que, en lugar de desperdiciarlo, está presentando a sus clientes uno de sus productos. Si les da una degustación gratis, pueden comprar un vaso en ese momento o pueden comprar un vaso en su próxima visita. Por lo menos, ha educado a sus clientes sobre sus productos, lo que nunca debería considerarse como una mala inversión.

Además, con una degustación gratuita como esta, puede comprar la buena voluntad de sus clientes. Comprar buena voluntad nunca es una mala inversión.

Considere Recién Exprimido

Los jugos recién exprimidos están en auge en muchos bares y restaurantes. Los clientes aman la percepción de que ellos están obteniendo una bebida fresca y refrescante. También aman pararse en la barra y ver cómo se prepara su bebida. Esto también hace del proceso de comprar su bebida más divertido.

Sin embargo, también hay un sentido comercial para los jugos recién exprimidos. Los cítricos sin pelar, con su piel, durarán bastante tiempo en un refrigerador. De hecho, las frutas con piel durarán más que la mayoría de los jugos en el refrigerador. Como una forma de aumentar el presupuesto de su fruta, considere invertir en una buena exprimidora y exprimir los zumos al momento. Al final del día tanto sus clientes como su presupuesto estarán felices.

Un exprimidor de futas frescas puede ayudarlo a estirar su presupuesto de frutas y al mismo tiempo añadir percepción de valor a las bebidas de su bar

Cambiando los Barriles de Cerveza Adecuadamente.

Cuando se acaba la cerveza en un barril, se dice que el barril ha "explotado". Esto significa que el barril necesita ser cambiado.

Cambiar un barril incorrectamente puede traer una gran pérdida de cerveza. A menudo queda espuma en las líneas de cerveza que tendrá que ser limpiada o "purgada". Para hacer esto, se abre el grifo y se espera hasta que la cerveza líquida empuje toda la espuma fuera de la línea y se agote. A continuación, se cierra rápidamente el grifo.

Ahora, si tiene líneas largas de cerveza (como desde un sótano hasta el tercer piso) y la cerveza es empujada con gases de alta presión como el nitrógeno, este proceso puede volverse un poco complicado. La cerveza líquida se puede mezclar con la espuma y dar como resultado el desperdicio de hasta un galón de cerveza líquida por cambio de barril.

Obviamente, esto es malo para sus índices de costos.

La forma más fácil de evitar la pérdida de mucha cerveza es purgar las líneas en una jarra. Esto capturará la cerveza líquida que se irá en el fondo de la jarra aproximadamente en un minuto. Luego esa cerveza se puede servir a la clientela.

También hay nuevos sistemas de alta tecnología que han sido desarrollados por cerveceros que cortarán el flujo de cerveza de un barril cuando se detecta espuma en lugar de cerveza líquida. Estos sistemas pueden ser de gran ayuda y prácticamente eliminarán los residuos de este tipo de operaciones. Hay un costo por adelantado que usted, como propietario o gerente, tendrá que sopesar frente a la pérdida proyectada de cerveza que estos dispositivos evitarán. Deberá decidir qué es lo mejor para usted. Para instalar estos dispositivos, a menudo es mejor hablar con su distribuidor de cerveza. Si no pueden instalarlos para usted, ciertamente pueden recomendarle a alguien que pueda hacerlo.

<u>Vasos Medidos de tragos</u>

Los vasos medidos son otra herramienta para asegurarse de que el licor se mide adecuadamente. Por supuesto, esto solo funciona cuando alguien ordena un trago y no un coctel.

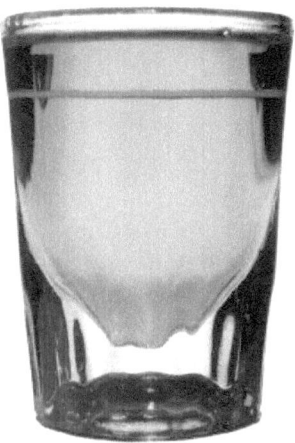

Los vasos de tragos marcados pueden ser una forma útil para asegurar que un trago completo (y no más) es servido cada vez. Este vaso ha sido llenado de más para lograr que la línea sea más visible

Estos vasos tienen una línea impresa en ellos que es la línea de llenado que especifica la cantidad de licor a vaciar en ellos. Usted necesita, por supuesto, cerciorarse que la línea de llenado está al mismo nivel que usted quiere que sea vertida. En muchos casos, esto es hasta las 1.25 onzas, pero muchos bares tienen diferentes vertidos de tragos. También si usted está leyendo este libro fuera de los Estados Unidos, sus tragos estarán calibrados en milímetros

Vaciado Libre

El vertido libre es el vaciado de alcohol sin usar ningún tipo de herramienta de medición. En lugar de medir el flujo del alcohol que sale de la botella, el cantinero se supone que "sabe" cuanto está saliendo de ella y para cuando la cantidad apropiada ha sido vaciada. Los cantineros usarán una cuenta para esto (mentalmente) mientras lo hacen.

El vertido libre es un excelente atractivo comercial desde el punto de vista del cliente. La mayoría de las personas sienten que están obteniendo un buen trato cuando ven a un cantinero vaciando libremente. Se habla menos de bebidas alteradas y con ausencia del sabor a alcohol en un bar donde se vierte libremente.

La desventaja del vertido libre es que puede generar una gran cantidad de desperdicio. Sin ninguna forma de controlar, probar y confirmar la cantidad de alcohol que se dispensa en cada toma, sus cantineros pueden verter mucho más alcohol del que ha sido pagado. Esto puede destruir los índices de costo adecuados y desperdiciar miles de dólares al año. Si usted, como propietario o gerente de un bar, desea operar un entorno de vertido libe, debe asegurarse de leer la siguiente sección e implementar dicho procedimiento.

Prueba de Vertido

Si usted, como gerente de un bar, toma la decisión de permitirle a sus cantineros el vertir libremente, debe asegurarse de que estén tomando pruebas de vertido. Una prueba de vertido es cuando se hace que los cantineros viertan lo que creen que es una toma completa en un cilindro graduado, que mide la cantidad de líquido que se vierte. Por supuesto, debe asegurarse de que estén siendo probados con agua, no con alcohol. Cuando el cantinero termina de servir el trago, él puede ver qué tan cerca estuvo de la cantidad correcta y ajustar su técnica según sea necesario

Muchos bares hacen que sus cantineros completen una prueba de vertido cada día antes de empezar su turno. Frecuentemente ellos necesitan tomar 15 minutos o más practicando, y lo hacen delante del gerente el cual puede verificar que están listos para empezar a servir el alcohol correctamente.
Esto los lleva a la mentalidad correcta y los acostumbra a la forma correcta de vaciado de un trago en cada turno. Esta es una excelente forma de salvaguardar sus costos en un bar de vertido libre.

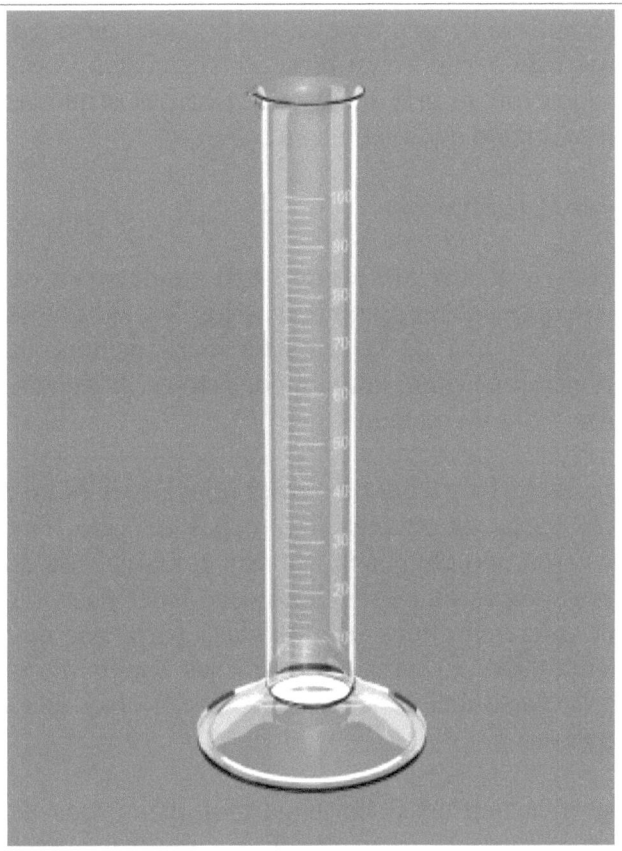

Un cilindro graduado es un cilindro de vidrio o de plástico con medidas marcadas. Es una herramienta esencial para una prueba de vertido libre.

Algunos bares van aún más allá que el probar a sus cantineros antes de que comience su turno, algunos aún harán que sus cantineros tomen una prueba durante varias veces durante su turno.

La idea detrás de esto es asegurarse de que el cantineros no se vuelva perezoso y esté constantemente al tanto de su técnica de vertido, así como del hecho de que sus vertidos están siendo monitoreados. Esta es una gran práctica, pero asegúrese de estar realizando pruebas en el momento apropiado. Usted, como gerente, también puede solicitar un trago y medirlo en la privacidad de su oficina.

Si decide permitir el vertido libre en su bar, usted debe realizar algún tipo de prueba de vertido para proteger sus costos y asegurarse de que su producto no se está regalando. Los pasos que se describen aquí son un excelente lugar para comenzar.

Estandarizar la Cristalería

Sin cristalería en un bar, no puede usted conducir un negocio. Sin embargo, siempre debes pensar en los vasos de su bar. La estandarización es una de las características de una organización eficiente en cualquier parte del mundo. Esto no es menos cierto con respecto a los vasos en un bar.

Por supuesto usted va a tener diferentes tipos de vasos en un bar. Por ejemplo, hay vasos de cerveza, hay copas de vino, hay copas de tragos, hay vasos tipo chimenea, etc. Sin embargo, usted debe tener solo un tipo de copas de tragos. Solo debe tener un tipo de vaso de cubo. Tener diferentes tipos de una clase particular de cristalería, solo crea confusión. Es muy útil para sus cantineros el aprender cómo debe de verse una copa de tragos si solo hay una copa en la que la puedan servir.

Esto no significa que usted no tenga múltiples copas de vino, por decir, una para vinos rojos y otra para vinos fríos. Solo no tenga múltiples tipos de copas de vino rojo. Esto solo crea confusión y desperdicios y pérdida de ganancias. Si usted no pude ya ordenar un tipo de copas/vasos (algunas veces dejan de fabricarlos) no es una mala idea remplazarlos todos los de ese tipo de vaso/copa en su bar, con una nueva línea disponible. Si, esto puede ocasionar un gasto inicial, pero la estandarización puede ahorrarle dinero al paso del tiempo al evitar desperdicios.

Estandarizar todas las Decoraciones

Cualquiera que ha ordenado en un bar sabe que todas las naranjas, limones, limas, toronjas, piñas, cerezas, aceitunas, cebollas, espárragos, ajos, y apios que adornan los bordes de los vasos, son baratos. Sin embargo, algunos de estos artículos pueden ser muy caros.

Por ejemplo, considere el queso Roquefort Siciliano de primera relleno de aceitunas verdes. ¡Estos pequeños quesos pueden ser bastante caros! Usted, como el gerente o propietario necesita ver que sus ganancias no se están yendo en los bordes de los vasos. Por ejemplo, tres aceitunas es una decoración estándar para un Martini, no seis. Un Bloody Mary puede ser decorado con un limón y una lima, o aceitunas, o apio, o ajo, o perlas de cebolla, o espárrago, o alguna combinación de ellos. No es necesario que los tengan <u>todos.</u> Usted debe de fijar exactamente cuáles son las expectativas y cuál es el estándar en cada bebida para asegurarse de que cada bebida salga del bar exactamente de acuerdo a sus especificaciones.

Es completamente posible hacer las bebidas muy atractivas usando decoraciones sin irse al extremo y así estar regalando su bar.

La Bandeja de Decoraciones no es una Barra de Botanas

Los empleados frecuentemente hacen de la bandeja de decoraciones una barra de botanas. Esto puede parecer un pequeño punto a tratar, pero todas las aceitunas, piñas, cerezas y cítricos costaron cierto dinero (¿Lo ha pensado?). Si usted no tiene cuidado, sus empleados comerán lo suficiente como para hacer mella en sus índices de costos. Siempre recuerde estar al pendiente de esto.

Este tipo de situaciones no es especialmente serio y la mejor forma de corregirlo es un recordatorio verbal de que no son para ser consumidos por los empleados sino por los clientes. Pídales a sus empleados que traigan una botana de casa si tienen hambre. Si resulta excesivo, usted puede llevar a cabo los procedimientos disciplinaros prescritos según sea necesario para que esta situación termine.

Mantenga las Moscas Lejos de las Bebidas

Las moscas pueden ser un gran problema en un bar ya que son atraídas por los frutos y jugos usados en los bares, así como el dulce acaramelado color que es usado para dar sabor y dar color a muchos licores. Nada es peor que imaginar que en su bar, un cliente regresa un scotch fino porque está lleno de moscas. Además de dañar la imagen de su bar, ese licor (y quizás hasta la botella) tienen que ser tirados. Esta es un desperdicio total de alcohol y del dinero que fue usado para comprarlo. Cualquier gerente sensato se asegurará de que este tipo de situaciones se eviten, ya que puede seriamente dañar sus índices de costos.

Es indispensable contar con buenas políticas de limpieza. Asegúrese de que las tareas domésticas tales como sacar la basura, trapear, poner cloro en los desagües del piso y poner guarniciones en el refrigerador, sean atendidas todas las noches. Más allá de eso, puede asegurarse de que sus botellas estén protegidas utilizando el pico de vertido correcto.

Hay picos de vertido que están diseñados con fina maya plástica en la abertura, como la que se muestra abajo. Esta es lo suficientemente pequeña como para permitir el flujo del licor, pero también para mantener las moscas alejadas. La única desventaja de un pico como este, es que no trabajan muy bien con licores espesos como una Crema Irlandesa.

Los picos de vertido con maya plástica son más que suficientes para eliminar los problemas de moscas en su licor

Seguimiento del Desperdicio

Es una excelente idea el crear una hoja donde, tanto sus gerentes como cantineros, puedan registrar las bebidas que fueron servidas por error, derramadas, etc. Esta información puede ser absolutamente valiosa para determinar adonde se está yendo su licor, cerveza o vino.

Para comunicar completamente lo que está pasando, usted necesita cerciorarse de que usted tiene un lugar para registrar la fecha, producto desperdiciado y cómo fue desperdiciado. Cada pieza de información, ayuda a comunicar la historia completa del incidente. Con esta información, usted puede determinar si usted tiene un mal cantinero que está constantemente desperdiciando licor, o saber por qué esta faltando una botella de vodka (una que se rompió, por ejemplo).

Fecha	Producto	Cantidad	Razón	Cantinero	Gerente
1/2/10	Whiski	1 trago	derramado por el cliente	Neal	Mike
1/7/10	Ron	1 trago	mezclado con tónica	Neal	Mike
2/5/10	Jugo de Naranja	1 Galón	pasó fecha de expiración	Dave	Rob
2/9/10	Merlot	.5 botellas	más de 3 días	Cynthia	Cathy
2/11/10	Cerveza Ambar	1 jarra	barril derramando	Jim	Rob
3/4/10	Whiski	1 trago	mezclador erroneo	Neal	Mike
3/7/10	Scotch	.5 botellas	mosquitos en la botella	Chris	Jim A.
3/17/10	Jugo de Naranja	1 Galón	pasó fecha de expiración	Steve	Walter

**Un ejemplo de una hoja de desperdicios. Mediante el estudio de ella usted puede obtener valiosa información sobre la operación de su bar. Por ejemplo, Neal aparece aquí varias veces sugiriendo que necesita más entrenamiento. También, el jugo de naranja parece que se descompone regularmente.
Esto sugiere excesos de pedidos.**

Usted puede también identificar problemas en su bar y componerlos basado en la información de una hoja de desperdicios como esta. Por ejemplo, usted ve que una botella de licor en especial siempre se rompe, en una parte determinada, mes tras mes. Esto sucede ya que hay puntos en la botella notoriamente débiles. Cada vez que sucede, por la seguridad de sus clientes, usted tiene que tirar el licor. Bueno, basado en el patrón que usted ha detectado a través de la hoja de desperdicios, usted puede acomodar sus botellas de forma diferente y eliminar el problema.

Uno de los obstáculos más grandes que usted va a tener al tratar de implementar un programa como este, es lograr que sus empleados lo usen. Asegúrese de que la hoja de desperdicios está en un lugar conveniente y rápidamente accesible. Colocarla a la derecha atrás de la bar es una gran idea. Adicionalmente, usted necesitará verificar que sus cantineros y gerentes están en sincronía con su forma de pensar. Usted necesita esta información, por lo tanto hágales ver que el producto que está faltando, que no está en la hoja de desperdicios será considerada como robo. Esto los ayudará a estar motivados y suministrarle la información que usted necesita.

Conclusión

Como gerente de un bar, el desperdicio será el más fácil de los dos problemas que usted tiene. El desperdicio ocurre cuando los empleados están apurados, no están bien entrenados adecuadamente o no hay sistemas implementados para evitar el deterioro del producto. Todas estas complicaciones se pueden superar con algo de reflexión, cuidado y paciencia, además de más diligencia. Los empleados pueden ser entrenados para mantener la calma y seguir las especificaciones. Se pueden comprar los picos que evitan que las moscas arruinen el whisky escocés de dieciocho años, y se pueden celebrar concursos para vender vino que está llegando a su fecha de vencimiento (siempre sin sobrepasarla). Todo esto requiere una buena gestión para instruir a los buenos empleados sobre cómo hacer su trabajo correctamente.

En el próximo capítulo, discutiremos el más difícil de los dos problemas que enfrenta un gerente de bar al tratar de controlar sus costos. Este es el problema del robo. El robo es mucho más difícil de combatir. Con el desperdicio, a menudo un empleado ni siquiera se dará cuenta de que lo está haciendo hasta que se lo indique. Luego, corregirán su comportamiento, porque la mayoría de la gente quiere hacer un buen trabajo. Con el robo, una persona sabe que lo está haciendo y sabe que está mal. Pero no les importa. Lo peor de todo es que se lo van a ocultar. Depende de usted prevenirlo, encontrarlo y eliminarlo cuando lo identifique.

Capítulo 3

Prevención del Robo

¿Por qué Roban los Empleados?

Las razones por las que los empleados roban son muchas. La gente robará cuando necesita dinero. Probablemente están atrasados con el pago de su renta o de la mensualidad de su automóvil. O tal vez se van de vacaciones y no tienen suficiente dinero para gastar.

Muchas veces la gente roba porque siente que tienen derecho. Sienten que el negocio les debe más de lo que están recibiendo. Ni siquiera piensan que están robando y que está mal, más bien sienten que "se les debe" ese dinero.

Algunas veces la gente roba solo por avaricia. Quieren más dinero del que tienen y no les importa como tienen obtenerlo. Este tipo de pensamiento es erróneo.

En realidad, hay muchas más razones por las que un empleado robará el bar en el que trabajan de las que se pueden cubrir en este libro. Usted no necesita entenderlas. De hecho, si usted ha trabajado duro, y ahora es el propietario o gerente de un bar; muy probablemente usted ya está consciente de una u otra manera sobre las medidas que usted puede tomar contra la mentalidad de una persona que piensa que robar está permitido. Usted probablemente ni siquiera sabe como robar un bar. Sin embargo, es su trabajo el prevenirlo en todo momento. Este es el motivo por el cuál este capítulo fue escrito, con explicaciones de técnicas para robar un bar.

¿Qué Roban los Empleados?

Lo más fácil y comúnmente robado entre los meseros o cantineros son "artículos producidos por el cantinero/mesero". ¿Y, cuáles son estos? Estos son los artículos a los que el mesero tiene acceso y control completo para producirlos. Por ejemplo, un postre es un artículo que un mesero produce si el mesero puede ir a tomar el postre y llevarlo a la mesa sin que nadie más intervenga. Si, por un lado, un mesero registra el postre a la cocina y espera que ellos lo hagan, entonces este no fue un artículo producido por él. Refrescos/Sodas/gaseosas, café, postres, ensaladas y botanas/tapas son los artículos comúnmente servidos por un mesero.

Las bebidas del bar, por otro lado no son generalmente artículos producidos por el mesero. Por el contrario, ellos tienen que registrar estos artículos al bar y esperar a que el cantinero los elabore. Ellos no pueden fácilmente robar estos artículos sin tener problemas con el cantinero.

Sin embargo, esto no es cierto para el cantinero. Ellos pueden estar en una posición de confianza sobre un inventario altamente valioso y pueden fácilmente robar licor y dinero si no hay los sistemas apropiados establecidos para prevenirlos. Si usted tiene sospechas de que están robando, la primera pregunta que debe hacerse es: ¿Qué están robando? Entonces su investigación tomará un camino lógico.

Confíe pero Verifique

Puede ser muy difícil para un gerente el imaginarse que la gente con la que trabaja pueden estar robando enfrente de sus propias narices. Como se dijo anteriormente, si usted ha llegado a una posición de confianza en un restaurante o bar, su mente no esta cableada con pensamientos de robo. Usted probablemente tenga dificultad para entenderlo, y probablemente a usted le caigan bien las personas con las que trabaja y no quiere creer que ellos son capaces de robar.

Bueno, la triste verdad es que el robo en restaurantes y bares sucede y cuesta mucho dinero. De hecho el robo es bastante común en la industria de la hospitalidad. Además, si usted es gerente en un restaurante o bar, también ha aceptado la responsabilidad de prevenir el robo y capturar a los culpables cuando ocurra.

Esto no quiere decir que no le deben agradar sus empleados. Esto no quiere decir que no pueda confiar en ellos. Esto solo quiere decir que usted necesita verificar constantemente que están haciendo lo que se supone que deben hacer y al mismo tiempo evitar un clima que pueda fomentar el desarrollo del robo. Ronald Reagan lo dijo mejor. Confiar pero verificar.

Esto no es Personal. Esto es un Negocio

He trabajado en la industria de restaurantes y bares por décadas. Las relaciones que se forman en estos ambientes de mucho estrés, y sin embargo tan divertidos, pueden ser duraderos y muy satisfactorios. Frecuentemente usted desarrolla un sentido de camaradería con la gente con la que trabaja. Es por esto, con toda honestidad, que puede ser un obstáculo muy difícil de vencer en cuanto respecta al robo. Nadie quiere aceptar que alguien con quien uno trabaja y que le cae bien, es un ladrón. Este es uno de los retos más duros de un gerente de bar. Sin embargo, para salvaguardar la salud financiera del negocio, es necesario que usted cheque cualquier sospecha y se asegure de llevar a cabo una investigación a conciencia. Siempre recuerde que este tipo de cosas es solo negocio, y nunca es ni debe llegar a hacerlo personal. También recuerde, en un ambiente en el que el efectivo es normal en un bar, nada más puede ser más tóxico para la reputación de una persona que el ser acusado de robo. Por esta razón siempre debe haber una gran discreción en su investigación hasta que usted esté seguro.

¿Qué Debe Hacer Con Un Ladrón?

No soy un abogado laboral ni de ningún otro tipo. No tengo un entrenamiento especial en el manejo de recursos humanos que vaya más allá de la experiencia práctica. Como tal, no estoy calificado para ofrecer un consejo sobre cómo debe usted, o su compañía abordar a un empleado del que se sospecha ha robado, ni sobre cómo las leyes de su estado le permitan actuar. Las disputas de recursos humanos pueden resultar en demandas costosas si no se manejan adecuadamente. Los propietarios y gerentes de negocios operan bajo pesadas cargas y se espera que actúen en consecuencia en todo momento. Como tal, para la información más correcta y relevante para cualquier situación particular, consulte a un abogado laboral calificado. Una fuente adicional de información que no sustituye el asesoramiento de un abogado calificado es el departamento de trabajo de su estado/país. Siempre están disponibles para informar a los empleadores sobre sus responsabilidades conforme a la ley.

¿Cómo Roban los Empleados?

Como gerente de un restaurante o bar, es muy importante que usted entienda cómo ocurre el robo en un restaurante. Puede parecer raro que sea yo quien recorra y explique las diferentes técnicas que pueden ser usadas por un empleado para robar. Sin embargo, sin esta información, usted puede que no tenga el poder de detectarlas, y menos para parar el robo en su establecimiento. Es por eso que, en Las Vegas y casinos alrededor del mundo el personal de seguridad emplea tramposos/charlatanes para que detecten y detengan a futuros tramposos. El FBI también ha usado técnicas similares con respeto a fraudes con cheques o falsificación de documentos.

TIPOS DE ROBO

El Robo Simple

Al que yo llamo como robo simple, es la forma más básica de robo que puede ocurrir en cualquier restaurante o bar. Simplemente es cuando un empleado toma dinero en efectivo de un artículo y se guarda el dinero. El artículo no es cargado en la computadora, POS, o en la caja registradora. El cliente generalmente no se da cuenta de que esta acción está sucediendo en frente de él. Honestamente, ¿Por qué ha de notarlo? No es su problema y ellos han entregado el dinero a quien suponen es un miembro confiable del personal. A lo que a ellos concierne o es notorio, ellos han pagado por completo.

El robo simple también puede ser difícil de combatir y de agarrar. Ya que este tipo de robo frecuentemente suceden cuando el negocio está muy ocupado, es muy difícil seguirles el rastro. Los empleados pasan a las carreras alrededor de usted y de sus sub-gerentes de tal manera que sea difícil monitorear cada transacción monetaria. Si trata de hacerlo se volverá loco.

La mejor forma de detectar el robo simple es buscando los rastros que deja atrás. Para empezar, cualquier bar o restaurante tiene una caja registradora. Puede ser tan simple como pararse junto a la caja registradora, o bien puede ser una terminal de POS conectada a un sistema más amplio de una red de computadoras. De cualquier forma, todas estas máquinas tienen la opción de "No Venta". Este es un botón que se aprieta para abrir la caja de efectivo sin agregar ningún dinero a la maquina contadora. Esta función es incluida en situaciones en las que hay que dar cambio.

Generalmente, una persona involucrada en robo simple estará manejando la caja registradora o terminal POS. Estarán llevando a cabo muchas transacciones que involucran efectivo. Será sospechoso para el gerente y el cliente si después de que la transacción es completada no se abre la caja registradora. Entonces, frecuentemente apretarán el botón "No Venta" para que se abra el cajón. Esto hace que todo se vea normal para el observador casual. Sin embargo, cada ves que el botón de "No Venta" se aprieta, la caja registradora y los sistemas POS toman registro de esto. La forma en que usted acceda a esta información dependerá de su equipo pero está casi siempre disponible. Para ver si alguien está involucrado en el robo simple, examine el número de "No Venta" que ellos tengan. Este es un muy buen punto de inicio.

Si ha determinado que alguien tiene un número sospechosamente alto de "No Ventas", otra técnica para atrapar un simple robo es la observación. Simplemente mire, discretamente si es posible y vea lo que pueda ver. Las cámaras de vigilancia también pueden ser de gran ayuda en asuntos como este. Mire, registre si es posible, y vea lo que encuentra. Una vez que detecta que se está cometiendo un simple robo, capturar a alguien haciéndolo es bastante fácil.

Más allá de sorprender a alguien llevando a cabo este tipo de actividad, hay pasos que usted puede tomar para hacer que este tipo de robo exista. La forma más sencilla para prevenir este tipo de robo es cerciorándose que todos sus gerentes tienen una presencia activa en el bar. Los ladrones son cobardes por naturaleza y no actuarán por el simple hecho de que un gente está en el bar y no en su oficina.

Pase 10 minutos de cada hora solo parado y viendo lo que pasa en su bar. Esto les permitirá a su personal saber que usted está poniendo atención y que está cuidando sus operaciones.

Otra excelente forma para combatir el robo simple es asegurarse de que el cliente pide un recibo. Por supuesto las cajas registradoras y los sistemas POS no van a imprimir un recibo sin una transacción. Definitivamente no imprimirán uno para una "No Venta". Esto deja a los ladrones incapaces de dar un recibo cuando ocurre un robo. Si usted pone anuncios que digan **"SU ORDEN ES GRATIS SI USTED NO RECIBE SU RECIBO"** en cada caja registradora, eso hará que el cliente lo ponga al tanto si no recibió su recibo. Ellos servirán como sus guardianes simplemente con la esperanza de tener una ronda gratis de bebidas o lunch. Un lunch gratis por atrapar a un ladrón es una gran inversión.

Meter Alcohol de Contrabando

Meter alcohol en un bar puede ser una idea rara, pero es otra forma muy fácil, muy común de robar de un cantinero. La idea detrás de esto es muy simple. Si un cantinero está vendiendo mucho alcohol y quedándose con el dinero de esas transacciones, un inventario mensual, al compararse con el mes de ganancias, le mostrará que un alcohol está faltando, que no ha sido pagado. Esto puede traer sospechas y el cantinero será despedido.

Ahora considere que si el cantinero va a una tienda de licor local y compra una botella de vodka bueno por menos de $ 10.00 Dólares. Casi siempre puede comprar la misma marca que se usa en en bar. Si mete la botella en su bar, sirve de esta botella y no registra estas transacciones quedándose con el efectivo, realmente estarán robando muchas ganancias de su bar, pero el inventario no lo va a mostrar. Usando este método, un cantinero que está robando puede hacer una inversión de $ 10.00 Dólares y llevarse casi $ 200.00 Dólares (dependiendo en el costo de cada trago). Esta práctica es más comúnmente usada con alcohol fuerte, ¡pero he oído de gente particularmente atrevida (o tonta) que mete barriles completos!

Si un cantinero está haciendo esto, lo más seguro es que estén metiendo las botellas cuando llegan a trabajar. Esto crea una oportunidad para atraparlos. La mejor forma para hacer esto es simplemente contar el número de botellas físicas en el bar antes de que entre el cantinero y después de que llegue. También ayuda esto para que todos estén conscientes de que usted está vigilando. También asegúrese de que su cuenta es correcta.

Rebajar el Alcohol

Una practica similar a meter alcohol a escondidas, es la de agregar agua al alcohol para cubrir lo robado y para conservar las apariencias del inventario. Esto puede ser difícil de detectar especialmente con el alcohol claro como el vodka, o para alcoholes muy saboreados como el gin. Sin embargo, en mi experiencia, no todos los cantineros son tan listos y hasta he visto esta práctica en wiski. Por supuesto que con los licores coloreados, esto hace que se vea más claro y esto nos puede indicar que existe esta mala práctica. Pero, solo porque alguien roba, no significa que sea listo.

La mejor forma de proteger su negocio contra esta práctica es cerciorarse de que sus cantineros están conscientes de que nunca deben llenar una botella con nada. Esto incluye vaciar un licor barato en una botella Premium, agua en una botella o combinar dos medias botellas del mismo alcohol. Otra cosa que crear una oportunidad para encubrir el robo, esto también puede exponer a su bar a demandas legales por parte de los fabricantes que siempre tratarán de proteger su marca.

Robar Botellas

Esto es el robo descarado de toda una botella de alcohol, pero esto solo sucede de vez en cuando. Frecuentemente, una persona que está robando una botella esta haciéndolo solo para uso personal y está haciéndolo por uno de dos razones. La primera de estas razones es que la tienda de licor está cerrada o no tienen suficiente dinero para comprar una botella. La otra razón por la que una botella completa puede ser robada es porque el que roba es menor de edad y no puede comprar legalmente su propia bebida. Como resultado, muchos practicantes de este tipo de robo son menores de edad.

Hay dos formas muy fáciles de combatir este problema. Primero es haciendo una cuenta rápida de las botellas como será discutido más adelante en este capítulo. Otra es manteniendo la mayoría de su alcohol encerrado si es posible.

Cuentas en Reserva

Robar usando cuentas en reserva es un proceso modestamente complicado que voy a tratar de aclarar en esta sección. Debe tenerse en cuenta de que esta técnica de robo solo es de preocupación para los locales que tienen un sistema POS computarizado. Este método es complicado, pero puede ser muy costoso. Dado el tiempo suficiente y una cuenta que sea lo suficientemente grande, un mesero o cantinero puede robar bastante dinero.

Todo comienza cuando un mesero o cantinero tiene una cuenta que se pagó en efectivo. En lugar de registrar esta cuenta en el sistema de computación como dinero pagado, el mesero o el barman mantienen la cuenta abierta.

Ahora bien, cuando el mesero comienza una nueva cuenta, va a dividir artículos de la cuenta anterior y la agrega a la nueva cuenta. Esto por supuesto solo funciona si las dos mesas ordenaron algo en común. Por ejemplo, digamos que la primera mesa pagó en efectivo y ordenó una margarita. La segunda cuenta también incluye una margarita. Una margarita es un artículo producido por el cantinero, por lo que es un artículo fácil de robar para un cantinero. Usando esta técnica, el ladrón transferiría la margarita desde la primera cuenta a la segunda cuenta. De esta forma, cuando la segunda mesa esté lista para irse, el ladrón puede imprimir una factura detallada que no será cuestionada por el cliente.

Si todo sale como está planeado, se hicieron dos margaritas, dos cuentas tendrán que ser presentadas, dos margaritas fueron pagadas pero solo una margarita será cargada en la computadora. Una de las margaritas, la que fue pagada en efectivo, nunca será contabilizada. A pesar de que el cantinero tomó el dinero, la computadora no sabe que necesita registrarla, y él se queda con la diferencia. Esto es robo.

Los clientes nunca podrán ayudarlo a detectar este tipo de robo. Desde su punto de vista, todo sucedió como debería. Sin embargo, desde el punto de vista gerencial, esta técnica es bastante fácil de detectar si uno está alerta. Lo primero que debe de hacer es asegurarse de que sus meseros y cantineros no tienen cuentas pagadas flotando en el sistema computarizado. Checar quien tiene cuentas abiertas en el sistema computarizado y preguntando por qué están abiertas, le ayudará en gran medida a evitar que este tipo de robos sea más difícil de cometer en su bar. Les mostrará que usted está poniendo atención en estos aspectos del trabajo de los meseros y cantineros.

Además, cada artículo que es metido en un POS de un restaurante tiene un código adjunto. Muchas veces este es desplegado cuando usted ve una cuenta en el sistema. Lo que usted quiere ver para darse cuenta de este tipo de robo, si usted sospecha de que lo hay, es ver que los códigos de tiempo no tienen sentido. Por ejemplo, un refresco/soda/gaseosa fue registrado en la computadora a las 2:30 pm cuando la mayoría de las cuentas fueron registradas después de las 9:00 pm. Esto no hace ningún sentido. Este puede ser un caso ejemplar para empezar a hacer preguntas e investigar más. Puede que usted no encuentre al ladrón, pero tiene que seguir viendo.

Abuso de Nulificados y Borrados

Un nulo o borrado es un artículo removido de una cuenta en un sistema computarizado POS. En muchos sistema, esta acción puede solo ser realizada bajo la autorización de un supervisor. Esta autorización se realiza mediante el registro de un código en la computadora mediante una tarjeta magnética que es pasada, o mediante un código numérico que se teclea.

Es muy importante que el sistema tenga una forma de borrar un artículo del sistema computarizado, muy estricto. Este sistema puede fácilmente ser abusado si hay hoyos en el sistema y esto puede causar al bar miles de dólares.

Lo primero y más importante, es asegurarse de que la gente que tiene la habilidad para borrar artículos de POS sean confiables, sin no son confiables, es importante que usted haga ciertos ajustes inmediatamente. Una persona con este tipo de poder puede robar cientos de dólares por noche y puede cubrir bastante bien sus fechorías.

En segundo lugar, evite usar códigos numéricos para gerentes y para supervisores. Estos pueden ser del dominio público rápidamente en un establecimiento pequeño, y pueden ser usados sin el conocimiento del supervisor. Esto también puede llevar a robos de cientos de dólares por noche. Y además puede ser muy difícil de detectar a menos que usted tenga sospechas. Sustituya el uso de códigos numéricos por tarjetas magnéticas para cerciorarse que no todos los empleados tienen el poder para borrar artículos del POS. Estos son mucho más seguros de usar ya que contienen un código mucho más largo (12 dígitos) y no serán conocidas ampliamente en un bar para ser mal utilizadas.

También necesita que haya un procedimiento apropiado para requerir una cancelación o anulación y que se aplique. Sus empleados deben saber que cuando cometen un error, necesitan saber que tiene que solucionarse al momento. ¡No permita que esperen hasta el final de la noche para presentarle todos sus errores de las últimas ocho horas! Esto crea una oportunidad para que ellos soliciten la anulación de artículos que ya han sido pagados. Ellos puede que ni siquiera se den cuenta que lo están haciéndolo. La gente es olvidadiza. Esto es exactamente lo que hay que prevenir.

Puede ser un punto muy básico pero también usted necesita asegurarse de que sus empleados están solicitando la cancelación o anulación a otro empleado autorizado. No deje la tarjeta magnética en cualquier lado para ser usada por ellos. Esto es un mal procedimiento que es una tentación muy grande para algunas personas.

Recuerde, los empleados no le van a pedir, como su gerente, que haga una anulación básica solo para quedarse con el dinero. Ellos necesitarían mentir muy bien para que usted no lo detecte. Cuando alguien pide que se anule algo, haga las preguntas adecuadas para que sepan que usted está poniendo atención.

Los Subgerentes como Cómplices

Los subgerentes igualmente pueden llegar a estar involucrados en el robo. Pueden tener la habilidad para alterar cuentas en el POS y están sujetos a las mismas tentaciones que el resto de la gente. Con suerte, su proceso de selección eliminará ladrones potenciales, pero usted necesita ejercer mucha precaución.

La mejor forma de protegerse de este tipo de robos es el rastrear personalmente sus actividades en su sistema computarizado. Usted puede ver los artículos que son anulados, cancelados, obsequiados, etc. Puede ver que gerente está haciendo cuales funciones. Compare cantidades entre ellos y contra un promedio razonable en su bar y llegue a conclusiones por medio de esto. Cuando tenga alguna duda, pregúnteles y pídales que expliquen aquello que usted no entiende.

Ladrón Contratado.

El robo no está limitado tan solo a los empleados. En un bar usted necesita los servicios de muchos trabajadores especializados. Siempre necesita constructores/albañiles, gente de limpieza, compañías que limpien alfombras, proveedores de ropa blanca, servicios de entrega, etc. Muchos de estas personas van a necesitar entrar a su bar fuera del horario del negocio para realizar sus trabajos. Después de todo, usted no puede poner un nuevo piso mientras que sus clientes están tratando de tomarse unos tragos.

Esto puede ser un gran reto para el propietario de un bar o un gerente y además presenta muchas oportunidades para el robo de personas sin escrúpulos.

Usted necesita estar en guardia para prevenir robos en estas situaciones. Lo primero que hay que hacer es supervisar a los contratados lo más que usted pueda. Un ojo atento es frecuentemente todo lo que necesitan para mantenerse en línea. El robo de este tipo es un robo de oportunidad. Si ven que hay chance o que el gerente es flojo, estarán tentados a actuar. Sin embargo, ellos no tienen formulado un plan para robar, en la mayoría de los casos. Simplemente no se sentirán muy a gusto en su bar para hacerlo.

Puede que haya situaciones cuando usted no puede supervisar a los otros contratistas o proveedores que están trabajando en su bar. En situaciones como estas, usted necesita mantener la mayoría de su producto bajo llave. También, si usted tiene cámaras de seguridad en su bar, asegúrese que están funcionando y que los contratistas saben que están siendo vigilados. Aún si usted no tiene un sistema de seguridad, no ya regla que diga que usted no puede blofear y decir que lo tiene. Las cámaras falsas, de las que hablaremos más adelante, pueden ser una gran ayuda. El conteo rápido de botellas antes y después de que los contratistas hayan realizado sus trabajos, también es una gran idea. Asegúrese de que usted tiene afuera exactamente el mismo número de botellas antes y después de que se hayan retirado.

Agregar Cargos En Cuentas Escritos A Mano

Si su bar tiene un sistema computarizado POS, entonces el sistema generará las cuentas de sus clientes. Aunque esto es muy atrevido, algunos empleados puede agregar cargos adicionales a mano en estas cuentas y entonces presentársela así a sus clientes. Personalmente he presenciado esto.

Digamos que por ejemplo, una mesa tiene una jarra de cerveza que no se ha cargado en el sistema computarizado. El cantinero o el mesero puede decir algo así como "Ay, se me olvidó agregar la jarra en su cuenta", y simplemente escribirla enfrente del cliente. El cliente entonces, en la mayoría de los casos, solo paga la cuenta. Si paga en efectivo, el mesero puede quedarse con la diferencia y no meter en la computadora la jarra de cerveza.

Hay dos formas en las que usted puede detectar y cachar este tipo de robos. La primera es cuando un cliente lo pone al tanto. Mucha gente no lo pensará dos veces cuando sucede esto. Si les sirvieron la cerveza, (o lo que sea) ellos pagarán la cuenta y listo. Sin embargo, si son sospechosos por naturaleza, o han trabajado en un bar anteriormente, pueden oler una rata y alertar a la gerencia.

La otra forma en que este tipo de robo puede ser detectada es revisando todas las cuentas descartadas y revisadas buscando aquellas que están escritas a mano y comparándolas con las cuentas computarizadas de los clientes. No podrá creer lo descuidada que puede ser una persona que está robando. Ellos van a dejar huellas que evidencien para que cualquiera las encuentre. Usted como el gerente debe siempre de mantener los basureros de papel cerca de terminales. Esta es una buena forma de cuidar su negocio. Sin embargo, también hace que los papeles tirados sean vistos como evidencia de robo. Esto debe ser una tarea periódica que debe usted realizar para prevenir este tipo de robo.

La mejor forma para este tipo de robo es la prevención. Si usted tiene un sistema estricto en el cual los meseros o cantineros no pueden tomar productos del bar sin primero ponerlo en el sistema POS, este tipo de robo es mucho más difícil de lograr.

Robo en Equipo

Ya ha sido explicado como los empleados roban artículos que ellos mismos producen y los venden a los clientes en efectivo. Sin embargo, algunas veces, los empleados se unen y roban juntos.

He aquí un ejemplo de cómo una situación como esta puede desenvolverse. Digamos que un cantinero trabaja en un restaurante donde hay pocos clientes y se sientan en la barra. En vez de sentarse en la barra, se sientan en mesas y prefieren ser servidos por meseros.

El cantinero no puede vender bebidas a los clientes por efectivo y el mesero no puede servir las bebidas que ordenaron los clientes por efectivo. El cantinero y el mesero son amigos y una noche entre bebidas forman un plan. El mesero pide las bebidas al cantinero, quien las sirve sin un ticket y el mesero escribe a mano la cuenta del cliente y se queda con el dinero. Al final de la noche, se dividen el dinero.

Este ejemplo detalla una seria pérdida en el control de costos (por ejemplo: no ticket, no producto que discutiremos más adelante) en el bar. La mejor forma para prevenir que estas situaciones se desarrollen, es aplicar sistemas de control de costos y procedimientos en su bar. Cerciórese que la regla "No ticket, no producto" (a discutir) es sagrada en su bar. Cheque de vez en cuando. Busque las cuentas escritas a mano. Usted no puede permitir que una situación como esta se desarrolle y el equipo como este pueda costarle una gran cantidad de dinero en una sola noche.

Amigos y Familia

Los amigos y familia de los empleados pueden ser los mejores clientes de un bar. Frecuentemente llegarán y pasaran un rato mientras su amigo está trabajando y comprando bebidas mientras esperan.

Sin embargo puede ocurrir en una situación como esta un problema. Es frecuente que un empleado, que nunca pensaría en robar en circunstancias normales, no tengan problema en regalar productos a los amigos y a la familia. Ellos puede que ni siquiera piensen que están robando, aunque si lo es. Hágales saber a su empleados que esta práctica no está permitida.

Para poder luchar contra este problema, siempre es bueno que el gerente del bar conozca a los amigos y familiares de sus empleados que llegan a su bar. Después de todo, puede que sean clientes regulares y un gerente siempre conoce a estas personas. También es una buena idea que el gerente ponga una atenta supervisión en los empleados cuando los amigos y la familia están en el bar. Lleve a cabo auditorías de chequeo en ocasiones como esta para asegurarse que todo está funcionando bien.

Adicionalmente, usted también debe luchar con este problema por medio de la educación al personal y una política al respecto. Asegúrese de que usted tiene una política puesta que prohíbe dar productos gratis en todo momento. También, cerciórese de que sus empleados saben que dar producto gratis a alguien, incluyendo familiares y amigos, es una violación de la disciplina que puede resultar en el despido.

El Robo a Otros Compañeros

Desafortunadamente una de las formas más comunes de robo en un bar, involucra a un empleando sirviendo o vaciando una bebida a un empleado cuando está fuera de servicio. El robo simple sucede cuando la bebida no es registrada en la caja registradora o en el sistema POS. Ningún dinero es intercambiado. La bebida es regalada. Otra forma en la que este tipo de robo puede suceder, es darle un licor de más precio, es decir, de una buena bebida a un licor Premium.

Este tipo de robo puede suceder por varias razones. La razón mas simple por la que un robo de este tipo ocurre, es por el sentido de hacer un favor a un compañero. También puede existir la implicación de que al no cargar una bebida, el empleado que está robando recibe una buena propina (aunque menor al costo de la bebida) del empleado fuera de servicio.

La mejor forma de prevenir esto es requerir que los empleados guarden los recibos de sus bebidas (esto es para su protección tanto como para la suya) y realizar auditorías de chequeo aleatorio de todos los recibos.

Una cosa a tomar en cuenta es que usted quiere asegurarse de que sus empleados no están robando para beneficiar a sus compañeros. Lo que quiere evitar es asustar a sus empleados para que no frecuenten su bar cuando no están trabajando. Los empleados honestos que vienen y pagan sus bebidas pueden ser muy buenos para el negocio y ¡debe ser fomentado!

Registrar Precios Menores en los Artículos

Un cantinero que sabe que está siendo vigilado, frecuentemente preferirá poner en el sistema un precio menor en los artículos, y como "recompensa", cobra el dinero a un precio mayor. Por ejemplo, el hace un vodka y un jugo de naranja usando vodka Premium que cuesta $ 8.00 por trago. Sin embargo registra un buen vodka y un jugo de naranja que cuestan $ 4.00, en la caja registradora o en el sistema computarizado. El cantinero puede quedarse con la diferencia cuando le pagan en efectivo. Esto es un robo de $ 4.00 Dólares. Este tipo de robo, cuando se repite varias veces durante la noche, después de varias noches, puede costarle mucho dinero. Además, a menos que usted ponga atención a cada botella que está en la mano del cantinero, este tipo de robos es difícil de detectar. A simple vista, todo indica que se siguió el procedimiento adecuado.

Cuando usted detecte este tipo de robo será en el índice total de costos del licor (esto puede tomar tiempo y resultar muy costoso) o por medio de analizar las ordenes una vez que usted ha hecho un trabajo de observación y sabe qué botellas fueron usadas. Otra posibilidad para detectar este tipo de robo es usar una trampa como la que se discutirá más adelante en este capítulo.

Robar para Uso Personal fuera del Bar

Todo mundo quiere un buen pedazo de carne y un coctel Premium en un viaje de campamento. Nadie quiere pagar por ellos, Muchas personas sí pagan por ellos, pero a algunas personas les gusta "pedir prestadas" algunas cosas del trabajo antes de salir a acampar. Lo he visto suceder muchas veces más de las que quisiera mencionar. A veces, los empleados que ni siquiera están de turno, vienen y toman lo que necesitan antes de irse de vacaciones. Esto si usted no tiene cuidado.

Siempre mantenga el ojo abierto en quién está en su bar o restaurante y cuándo están ahí. Mantenga a los empleados que no están trabajando fuera de las áreas de trabajo para mantener protegidos sus inventarios. Y, no ignore las bolsas de nadie. Una mochila en las manos incorrectas, en el lugar incorrecto, puede costarle mucho dinero a su negocio.

Obsequios por Propinas – Sigue siendo Robo

Durante mi vida como cantinero, frecuentemente me han ofrecido una "buena propina" por hacer algo inapropiado. Esto puede ir desde servirle a alguien sin identificación, servirle a un menor, hasta servirle a una persona intoxicada. También puede ser algo mucho más simple, como poner más alcohol en una bebida. Por supuesto nunca he aceptado estas propuestas. Sin embargo no se puede decir que todos los cantineros sean tan firmes.

Lo bueno sobre esta situación es que este tipo de robo es de poca ocurrencia comparado con los otros. Mientras que alguien que está metiendo una botella de vodka para servirla requiere un esfuerzo consciente para robar, el perpetrador de este acto está sucumbiendo a la rara tentación de una oferta del cliente. Ni siquiera se da cuenta de que está robando. Probablemente lo hagan para que alguien deje de estarlos molestando. Sin embargo, este tipo de robo puede llevar a otros tipos de robo más perniciosos y necesita ser evitada tato como cualquier otra.

Este tipo de robo, y quiero que quede claro que sigue siendo un robo, puede ser muy difícil de detectar. En realidad, la mejor defensa para este tipo de robos es mantener los ojos abiertos, mantenga sus oídos abiertos y mantenga una presencia en el bar. Esto es lo mejor. Su presencia puede ayudar a que los cantineros no cedan ante presiones con su apoyo. Con el tiempo esto se mostrará en el costo de su licor pero será difícil de detectar. El entrenamiento es siempre una buena forma de prevenir esto. Cerciórese de que sus empleados saben que este comportamiento sigue siendo considerado un robo y es sujeto a las mismas políticas y consecuencias que cualquier otro tipo de robo. Un buen gerente entrenará a sus empleados en la forma apropiada de lidiar con todas estas situaciones para que no sean tentados en caso de que un cliente les haga un tipo de oferta similar.

Bebiendo en el Trabajo

Es una triste realidad para la industria de los bares, pero muchos empleados no pueden acabar su turno sin un trago de alcohol. Por otro lado, muchos de ellos se sienten con el derecho a un trago gratis debido a su profesión. Esto no es cierto. Nadie tiene derecho a nada si no acepta pagarlo. Todo lo que es tomado que no esté previamente acordado, sigue siendo un robo. En algunos estados es ilegal que un cantinero tome mientras está en el trabajo y definitivamente esta práctica presenta un peligro para la seguridad. Si su bar está en un estado en el que sea legal que un cantinero tome atrás del bar, usted solo necesita asegurarse de que esa bebida es pagada.

Este tipo de robo es bastante fácil de evitar. Primero, mantenga el alcohol que está abierto y en uso en un área que esté a vista de todos. No es buena idea tener botellas de alcohol abiertas en pasillos, cuartos traseros o similares. Al quitar la tentación y la oportunidad para robar y tomar en el trabajo le ayudará a erradicar este problema, Por lo demás, cheque quién está tomando. Huela. Vea dentro de las copas de café con tapas y en botellas de agua.

No permita que hayan bebidas atrás de la barra. Esta es una muy mala práctica para el buen mantenimiento del bar por razones de salubridad. Una bebida puede caerse en el momento inadecuado, pueden olvidarse y echarse a perder apestando y atrayendo moscas. En lugar de esto, eduque a sus cantineros (y meseros) a tomar y tirar el resto. Esto significa, tomar lo que pueden y tirar el resto. He trabajado con gerentes que solo permiten a los empleados tomar de vasos de papel cónicos. Al no tener una base, no pueden ponerse en algún lugar. La gente toma y tira el vaso. Si alguien no tiene un lugar en el local para robar alcohol, será mucho más difícil para ellos robarlo para uso personal o para beber en el trabajo. Además, alguien que no puede traer un frasco o botella al trabajo, será menos capaz de tomar un trago en una situación como esta.

Robos por los Clientes

Aunque el robo en su bar por un cliente es probablemente el menos común de los robos, también sucede y usted necesita asegurarse de que su bar está protegido contra esto.

Estas botellas están muy cerca de la barra y pueden ser removidas por un cliente cuando el cantinero no está viendo.

Lo primero y lo más importante es asegurarse de que hay siempre alguien en el área de la barra y que los clientes nunca son dejados solos con sus productos. No piense que nadie va a atreverse a llevarse una botella e irse. Esto lo he visto suceder más veces de lo que usted se imagina. Revise que el cantinero entiende y sabe que tiene que estar en el área de la barra y asegurarse de que no se deja desatendida. He visto que aún los cantineros más experimentados, dejan el bar desatendido para hablar con un amigo o para ir al baño. Por otro lado no deje producto en un área que no sea visible para el cantinero. Hacerlo solo causa problemas.

Además de revisar que siempre haya una persona en la barra para cuidar de él, cheque que su barra está conformada de tal forma de que la mayoría de las cosas estén fuera del alcance de los clientes.
Si no pueden agarrarlas, es más difícil robarlas. Esto es por lo que la mayoría de los bares mantienen el licor en la pared trasera o en un compartimiento superior. Procure que su bar siga estas generalidades. Solo tenga los licores básicos buenos cerca del cantinero para uso inmediato. Lo mismo haga con el vino, cigarros/puros y hasta la fruta. No tiene que ser necesariamente valioso para que un cliente que ha estado bebiendo, robe. He visto a un pez de dos semanas robado de un aparador en el lobby de un restaurante. El pescado no era comestible, pero el cliente de todos modos lo robó después de haber estado bebiendo en el bar. El pagó la cuenta y se llevó al pescado.

<u>Balance de la Caja Registradora</u>

Cuando alguien está robando y operando la caja registradora, frecuentemente simplemente mezclarán el dinero robado con el dinero de la caja registradora. Se vería sospechoso si al final de cada transacción pusieran el dinero en la jarra de propinas. Eventualmente alguien lo notaría.

Muchos sistemas POS permiten sacar un reporte del balance de la caja registradora. Este reporte le dice la cantidad de dinero que <u>debería</u> estar en la caja en cualquier momento.

Este reporte puede valer oro porque le da la seguridad de que tanto sus cantineros como sus empleados están haciendo lo correcto. Con este reporte, usted puede hacer auditorías periódicas del dinero registrado en el cajón para asegurarse que es exactamente la cantidad que debería haber.

Sacar balances periódicos de las casas registradoras es algo que debe hacer cualquier gerente en sus esfuerzos en la prevención del robo. Debería llevarse a cabo por lo menos una vez por turno. Si este tipo de reporte no está disponible en su POS, consulte a su soporte/ apoyo en informática y asegúrese de que su personal sabe que usted está auditando las cajas. Esto los ayuda a estar más nerviosos y menos seguros de que pueden robar.

Sin Orden no hay Producto

Una de las formas más fáciles de controlar el ambiente de un bar o restaurante para prevenir el robo de productos es vivir y morir bajo el principio de "si no se registra en el POS, no se produce". El hacer de esta la política de la casa y de la compañía, y hacer que se cumpla sin descanso es responsabilidad del gerente.

Esto va a forzar a sus meseros y cantineros a tener el habito y disciplina de registrar cualquier orden en la computadora antes de que sea preparada o llevada a la mesa.

Esto también hace posible que usted como gerente, realice auditorías aleatorias. También puede ver una mesa, ver un postre y checar si en realidad el postre está en la cuenta del sistema POS correspondiente. Si no es así, entonces el mesero tendrá que explicar lo que sucedió.

Cuentas en la Barra

Algo similar puede ser usado para prevenir que sus cantineros tengan la oportunidad de robar de la barra. Si un cliente se sienta en la barra, es una gran idea pedirle al cantinero que tenga en un vidrio enfrente de los clientes una cuenta POS. Esto evita que el cantinero le de al cliente una bebida con otro precio y se quede con el cambio. Haga de eso una política y hágala cumplir religiosamente.

Si un cliente ha pagado, deberá habrá un recibo impreso enfrente de él. Rutinariamente haga una auditoría y será evidentemente visible los artículos que han sido registrados en el sistema POS. Así, las infracciones a está política pueden sugerir un problema y puede apuntar rápidamente al ratero. Trate cualquier violación a estas políticas como si sospechara de un robo y hágale frente de la manera prescrita en las políticas.

Cuentas de Bolsas y Cajas para Llevar

Maletas, bolsas y cajas para llevar siempre son causa de sospecha cuando se trabaja en un restaurante o en la industria de bares. Estos proveen una forma fácil para llevarse grandes cantidades de producto al coche de una persona. Estos artículos nunca deben ser permitidos en refrigeradores o en cuartos de almacenamiento, por el simple hecho de la muy tentadora oportunidad que pueden proporcionar de que desaparezcan productos. A la gente le gusta atenderse sola con la carne y otros productos y salir con ellos antes de irse de día de campo y quizás alguno no tuvo tiempo para ir a la tienda a comprar licor antes de una buena fiesta.

Siempre que vea a un empleado en una de estas áreas con una bolsa o caja de cualquier tipo, es buena idea que justifique su comportamiento. No tenga miedo de pedir ver el contenido de la bolsa. Como parte de las políticas de la empresa, debe de haber una política de inspección. Para más información sobre esto consulte con su departamento de recursos humanos o con un abogado. Si se niegan, esta es una buena razón para alarmarse. En ese momento, siga los consejos y entrenamiento de su departamento de recursos humanos o del abogado para asegurarse que la situación es resuelta en una forma profesional y legal.

Mantenga el Inventario Valioso Bajo Llave

Uno de los pasos más sencillos que usted puede tomar para prevenir el robo es el mantener el producto que no se está usando, bajo llave y con acceso restringido de quién pude acceder a este producto. Esto aplica tanto a inventario valioso que tiene el bar e incluye la cerveza, el vino y el licor, así como mezclas como bebidas energéticas y bebidas sin alcohol caras.

El espacio, por supuesto, puede ser primordial en un bar, así que debe pensar cuidadosamente dónde va a poner el licor bajo llave. Una de las mejores soluciones es atrás de la barra. Una vitrina, o gabinete debajo de la barra ofrece rápido y fácil acceso. Esto significa que el licor puede ser accedido rápidamente con solo llamar al gerente.

Otro buen lugar para guardar el licor es un gabinete con llave, es en el cuarto trasero. Un gabinete de madera, plástico o metal será suficiente. Esto es barato, ligero y mantendrá tanto al producto a salvo como a la gente lejos de él.

Una forma también muy buena para mantener el licor extra con llave es en una jaula de malla seguridad "metro". Estos anaqueles comerciales son fáciles de ensamblar, disponibles y confiables. La ventaja de este tipo de anaqueles es que se pueden personalizarse de acuerdo a sus necesidades. Hay modificaciones que permiten en los anaqueles en bastidores para cerrar con una puerta. Para más información sobre esta opción, consulte un catálogo de empresas con equipos para bares.

El vino y la cerveza se pueden asegurar fácilmente añadiendo un candado al refrigerador en donde se mantienen. Casi cualquier cámara frigorífica tiene un cerrojo/pestillo el cual tiene un hoyo adicional para un candado. Si el suyo no lo tiene usted puede agregarlo fácilmente. Este método es simple, barato y rápido para asegurar su inversión al proteger la mayor parte de su inventario que en otros casos podría ser una tentación poderosa para el robo.

Usted necesita pensar cuidadosamente y decidir quien tendrá acceso al inventario restringido. Recuerde que cualquiera que tenga acceso a esas áreas tendrá igualmente la oportunidad de robar. En muchos casos ese acceso solo debe otorgarse a los gerentes que han probado ser fiables e íntegros

El inventario **no necesitado**, es muy buena idea el tenerlo guardado bajo llave. Sin embargo tiene que tener mucho cuidado de no caer en la exageración y hacerque su bar sea ineficiente. Por ejemplo, si a un cantinero se le termina el buen vodka, en general no puede mantener al cliente esperando. En muchos casos simplemente le servirán el vodka menos caro de la categoría Premium. En una situación como esta, sus esfuerzos por prevenir un robo crearon un desperdicio. Para prevenir situaciones como esta, siempre revise que su bar empiece cada día con suficiente producto, pero no demasiado para crear la idea de que no se perderá nada.

<u>Inventarios Diarios</u>

Los inventarios diarios son una absoluta obligación cuando se manejan reglas estrictas y control de índices de costos. En pocas palabras, un inventario diario seguirá el movimiento de licores, cervezas o vinos diariamente.

Por supuesto que un inventario completo es un proceso que requiere demasiado tiempo para llevarse a cabo diariamente. Cuando lo hace, usted pierde mucho tiempo y productividad para que todo el ejercicio sea sin sentido y quizás costoso. Lo que puede hacer, es hacer el inventario de diferentes productos cada día. Puede ser botellas de cerveza, botellas de vino o de licores. Para que sea fácil y preciso, le recomiendo que se enfoque en los productos fácilmente medibles. Las botellas de vino, o cerveza así como las botellas de licor serían buena idea. Los barriles por su naturaleza, no hacen fácil medir su contenido.

Usted puede pesar las botellas o hacer un rápido inventario visual. Si su bar cuenta con un sistema computarizado de punto de venta, usted puede sacar un reporte que le indique cuanto se vendió de cada licor la noche anterior. Esto puede ser comparado con lo que tenía a la mano ayer y lo que hay hoy.

Por ejemplo, supongamos que usted ayer tenía 15 tragos de wiski en una botella. Hoy tiene 5. Pero su sistema computarizado solo registra 5 tragos vendidos. ¿Dónde están los otros 5? Puede que se hayan desperdiciado o puede que hayan sido robados. Si no están en el POS solo hay dos opciones. De cualquier forma su inventario diario ha revelado una irregularidad que necesita ser aclarada. Por eso es que los inventarios diarios son importantes y útiles.

No siempre haga el inventario de las mimas botellas mes tras mes. Si usted siempre toma el inventario de las mimas tres botellas de licor, es muy posible que usted esté pasando por alto una que ha sido desperdiciada o robada. Un buen procedimiento es cambiar de objeto a inventariar cada 30 días más o menos. Esto mantendrá las cosas frescas y le dará una mejor idea.

Además mantenga en secreto los licores que están siendo inventariados, si es posible, pero no el hecho de que están haciéndose inventarios diarios. Un poco de paranoia es buena para mantener a sus cantineros y meseros en línea y honestos.

Dé Buen Ejemplo

Es de suprema importancia que usted como el gerente, así como también cualquier asistente que usted pueda tener, dar un buen ejemplo al personal. No importa siquiera si usted es el propietario o no. Usted siempre debe ser visto pagando por todo lo que consume en el bar. Muchas compañías permiten que los gerentes tengan una comida gratis en su turno. Si es así esto no necesita ser pagado, pero todo lo demás si, y usted necesita seguir los procedimientos apropiados al obtener su comida que le corresponde en su turno.

Usted puede hacer el show de pedir su recibo. Esto le mostrará a sus empleados una dedicación real de que usted está tratando de que todos están cumpliendo con sus obligaciones. A su vez esto llamará la atención de la gente y con suerte tomarán ejemplo de usted.

Sepa lo que los Empleados Toman

Un buen habito a cultivar por los gerentes de bar, es saber qué beben sus empleados cuando no están trabajando y cuando acaba de terminar su turno. Esta es información importante a tomar en cuenta porque estos son los licores que van a ser robados para consumo personal.

Estos licores son perfectos candidatos para ser monitoreada mediante los inventarios diarios. Si sus empleados saben que usted está vigilando las botellas que a ellos les gusta beber, usted reducirá significativamente las oportunidades de que su negocio pierda dinero por robo.

Entrenamiento Antirrobo

Cuando usted emplea a un nuevo trabajador, su periodo de entrenamiento es frecuentemente lo que marcará el tono del trabajo de ese empleado en su empresa. Usted necesita asegurarse de que usted los entrena sobre el robo y que este no será tolerado y que hay sistemas para atraparlos. Usted necesita entrenarlos para que tengan miedo de tratar de robar.

Esta es mejor manejado mediante políticas por escrito sobre lo que se espera de ellos en el área de manejo de dinero. Parece tonto, pero usted necesita realmente proveerles una pieza de papel que detalle lo que necesita ser pagado y lo que puede ser gratis (muchos restaurantes y bares permiten a sus empleados bebidas libres como refrescos/sodas). Como gerente, al presentarles esta política, debe agregar que usted tomará medidas hasta sus últimas consecuencias, ya que esto es muy serio y que la violación a esta política no será tolerada. También hágales saber que usted tiene un sistema para atrapar a quién robe. No sea muy específico, después de todo usted no quiere que ellos sepan todo sobre su sistema para que puedan saltárselo, pero lo suficiente para crear un poco de paranoia. Esto frecuentemente, rinde frutos al reducir el robo potencial a la larga y hace de su empleado una inversión productiva.

Cuenta Rápida de Botellas

La cuenta rápida de botellas, como lo implica su nombre, solo es la cuenta física de lo que hay en su bar. Esta técnica le ayudará a cerciorarse de que las botellas no se están yendo a las casas de los empleados o trabajadores y rápidamente detectar dicho robo.

La mejor forma de implementar este tipo de plan es hacerlo dos veces al día. Usted o sus asistentes deben contar las botellas al abrir y también al cerrar. También necesita tener un sistema de cuentas y balances en el lugar. La persona que cuente en la noche debe ser la misma persona que cuente la siguiente mañana.. Esto no es un proceso que consuma mucho tiempo y solo tomará algunos minutos. Si usted tiene cuadrillas de trabajadores externos en su bar en la noche, usted también debe de hacer hincapié en contar las botellas después de que se vayan, y antes de que lleguen sus empleados. Esto ayudará a determinar en qué momento ocurrió el robo. Las cuadrillas de limpieza y mantenimiento pueden robar también y usted necesita monitorearlo.

Robo de Bebidas Personales Sin Alcohol

Es muy común en la industria de restaurantes y bares permitir que los empleados reciban refrescos/sodas gratis así como café o té frio o caliente. El costo de estos productos es por lo general bajo, este en sí no tiene un gran impacto en el su balance general, y por otro lado la cafeína ayuda al personal alerta y energético.

Sin embargo, hay muchos tipos de bebidas en un bar que no contienen alcohol y que son muy populares con los empleados que pueden alterar sus índices de costos rápidamente cuando son robadas. Estas son entre otras, las bebidas energéticas, los malteadas/batidos con leche, jugos y cafés expresos. Las bebidas energéticas solamente pueden costar hasta $ 5.00 Dólares por lata. Todas estas bebidas son caras y son muy populares después de una larga noche cuando el bar está abierto.

Es muy importante que usted, como el gerente, establezca claramente que estas bebidas no son gratis y deben ser pagadas. Antes de tomar cualquier acción al respecto necesita discutir esto con el departamento de recursos humanos o con su abogado. Entonces, una vez que usted ha establecido que estos artículos deben ser pagados, trate a quien sea pescado tomando uno de estos sin haberlo pagado, como si se tratara de un robo. Usted solo necesita hacer de alguien un ejemplo de lo que puede pasar y el problema muy seguramente no se va a repetir. Una vez que usted tiene la situación resuelta, solo necesitará mantenerse vigilando. Puede ser tentador no tomar acción en pequeños puntos como este, pero no es así. Usted no puede darse el lujo de ignorar esto.

Evite Pozos de Propinas

Los pozos de propinas pueden ser comunes en bares sin sistemas computarizados. Un pozo de propina es simplemente la práctica en la cual todos los empleados combinan sus propinas y son repartidas por igual. Los pozos de propinas pueden ser muy atractivas para los rateros y deben ser evitados. Hay algunas razones para hacerlo.

Primero, cada empleado participa en el pozo de propinas. Esto significa que usted no puede aislar y examinar a cada mesero o cantinero. Esto proporciona una forma de cubrir a un ladrón encubierto. Si usted tiene que sospechar de todos, usted está perdido.

La segunda razón por la que deben evitarse los pozos de propinas, es que pueden ofrecer un ambiente racional psicológico para un robo. Al agregar dinero robado al pozo de propinas, el ladrón hace a todos culpables de robo. Esto puede ofrecer un ambiente confortable para que, alguien que en otras circunstancias no habría robado, empiece a robar.

Por último, los empleados saben cosas que usted no sabe. Puede que sepan que un empleado está robando. Esto significa que cuando las propinas sean repartidas, se estarán beneficiando todos del dinero robado. Ellos puede que no se sientan confortables reportando las actividades del empleado que roba, y acepten en silencio el dinero robado. Con el tiempo esto también romperá las reservas del ladrón. En poco tiempo, todo el personal puede sentirse confortables robando. Esto es un peor escenario, pero es una posibilidad real.

Cuentas y Balances

Un concepto absolutamente necesario para prevenir el robo es la noción de cuentas y balances. Este es el mismo concepto que usan los bancos para mantener a la gente siendo honesta. Esto también funcionará en su bar o restaurante.

Básicamente, las cuentas y balances es la noción de que la información proporcionada por una persona es independientemente verificada por otra. Por ejemplo, un ejemplo común es contar las bancos de cuentas en un bar. Un gerente le da a un cantinero un banco de cuentas y él lo cuenta. Cuando el banco es regresado, el gerente lo cuenta otra vez. Este es un sistema de cuentas y balances que asegura que la bolsa de dinero contiene la cantidad correcta.

Continuando con el ejemplo de los bancos de cuentas, al final de cada noche el gerente cuenta todos los bancos de cuentas y los encierra en una caja fuerte. En la mañana el gerente de la mañana también los cuenta. Este sistema de doble responsabilidad asegura de que todos están checando doblemente el trabajo de otro y detectando cualquier problema rápidamente.

Cuando se trata de luchar contra el robo, es una buena forma de cerciorarse de que hay verificaciones de toda la información que le llega a usted. Los inventarios deben ser doblemente contados y reportados por diferentes personas. Los inventarios deben ser doblemente contados y reportados por diferentes personas. La información debe ser verificada. Usted necesita checar a sus asistentes. Pida a un cantinero que cuente las botellas mientras que le pide a otro que también lo haga. Compare ambas cuentas. ¿Son iguales?

El construir sistemas que se beneficien de los cheques y balances será un beneficio a la larga para mantener a los empleados honestos

Supervisión Gerencial

La Primera Línea De Defensa Es La Observación

Una de las mejores formas para prevenir el robo que usted tiene es ser un excelente observador. Esto puede ser difícil en un bar muy ocupado. Aún en un ambiente con mucho movimiento, usted puede observar lo que está sucediendo y sacar conclusiones de dichas observaciones.

Muchos gerentes pasan mucho tiempo en su oficina. Esto es un gran error. Un buen gerente debe tener una presencia palpable en el piso. Los meseros y cantineros sabrán que están siendo observados. No necesita ser una presencia intimidante. Usted puede caminar alrededor del bar, platicar con los clientes, ayudar a registrar comidas o bebidas, limpiar mesas y ayudar con la mayor cantidad de tareas que implican un restaurante/bar con mucho movimiento. Pero mientras hace estas cosas, usted esta oyendo y vigilando a sus empleados.

Recuerde, solo déjese ver y sea una presencia constante que disuada los robos y mantenga a la gente en su mejor comportamiento. Esto hará su trabajo mucho más fácil.

Más allá de ser una presencia en el piso de su restaurante/bar; siempre que sospeche que alguien está robando, empiece su propia investigación mediante la observación. Pase una noche observando lo que hacen tan casualmente como sea posible. En muchos casos usted confirmará lo que usted sospecha y en muchos otros podrá exonerar a la persona de la que sospechaba. Siempre recuerde que la observación deberá ser siempre el primer paso a tomar cuando tenga sospechas. No lo olvide.

Hacer Preguntas Es Su Siguiente Línea De Defensa

De la mano con la observación, siempre vienen las preguntas. Es necesario hacer hincapié en la importancia de crear un ambiente en el que sea difícil robar. Cuando usted observe un comportamiento que no entiende, que es extraño o sospechoso, empiece a hacer preguntas <u>inmediatamente</u>. No es algo que pueda esperar. Si usted lo hace, usted pierde la oportunidad o puede que se olvide del detalle que lo hizo sospechar.

Realmente es muy fácil hacer esto, pero necesita un poco de práctica para sentirse confortable. Pídale al empleado que se detenga, dígale lo que vio y pídales que le den una explicación. Trate de no sonar como que está acusando al empleado. Esto lo puede poner sin necesidad a la defensiva. Mantenga un tono calmado y uniforme, sea razonable. Asuma el problema desde el punto de vista de que usted no entiende lo que sucedió y necesita la ayuda del empleado para entenderlo. Después de todo, pude haber una explicación completamente razonable. Puede sonar raro, pero entendible, siempre ocurre algo diferente en un bar muy ocupado sobre los años. Esto también tiene que tenerlo en mente.

Rastreando las Transacciones

Los sistemas POS siempre tienen la habilidad de rastrear transacciones específicas. Esto incluye cancelaciones, combinaciones, anulaciones, salidas, etc. Junto con este tipo de información usted también puede rastrear ventas de productos específicos, ventas no realizadas y otro tipo de información útil y necesaria. Use esta información para que usted pueda con frecuencia, notar aquellos patrones sospechosos o raros que pueden llevarlo a detectar un robo.

Por ejemplo, digamos que usted tiene en la mano un reporte en el que aparecen todas las anulaciones del mes. En él están todos los empleados. Usted detecta que uno de los empleados tiene tres veces más anulaciones que el resto y además solo trabaja la mitad del tiempo. Esto se sale definitivamente de la norma, se sale del patrón y necesita ser explicado. Puede haber una razón inocente. A lo mejor un grupo de clientes cambió de opinión y se fue. Pero igualmente puede haber una razón nefasta que lo explique. Es la responsabilidad y diligencia del gerente la que lo llevará a encontrar una explicación. Igualmente, si el empleado es simplemente distraído, pero no está robando, es bueno saberlo. Necesita identificar los puntos débiles que usted necesita mejorar con más entrenamiento y orientación.

Otro buen ejemplo también es el de un cantinero con muchos "no venta" en el reporte POS, más que sus compañeros. Muchos clientes solo piden que se les cambie un billete y este pude ser el caso, pero su trabajo consiste en cerciorarse de esto y que no hay algo más.

Cuando usted esté tratando con todo este tipo de información, usted necesita pensar como un detective. Pregunte y busque patrones que no correspondan a las políticas establecidas. Hágales saber a sus empleados que usted está buscando esta información. Ponga la información relevante en un pizarrón de notificaciones. Esto les hará ver a todos que usted está al tanto de lo que sucede y que va a pescar a quien esté robando. Cuando una persona que roba piensa que puede ser atrapada, tienden a no robar.

Conozca a sus Empleados

Un buen gerente conoce a su personal y le gusta su personal. Ellos no son máquinas trabajando para usted, son personas. Usted necesita conocerlos. A la larga, las conexiones personales le ayudan a la larga a tener un equipo productivo. Por otro lado, el conocer a su personal es una excelente forma de prevenir o detectar el robo.

Abuso de Sustancias.

Es muy triste pero muy cierto que hay muchas personas en este mundo con serios problemas de abuso de sustancias. Esto también aplica en la industria de los bares y restaurantes. Usted deberá familiarizarse con los signos del abuso de drogas y alcohol y necesita buscarlos entre sus empleados. Un empleado con un habito de drogas es malo para la moral, es peligroso para sí mismo y para otros y es un ladrón potencial peligroso. Si usted ve signos de este comportamiento, siga los protocolos de la empresa y trate el problema inmediatamente. El permitir que el problema se agrave puede ser muy costoso para su negocio y no ayuda al empleado con problemas ni a la moral de todo el personal.

Exceso de Propinas

En la industria de restaurantes y bares, es muy común dar propinas a los compañeros de trabajo por ayudarle a hacer dinero. Un típico ejemplo sería a hosts, ayudante de mesero, cantineros y cocineros. Cada establecimiento tiene su propia cultura con respecto a las propinas y la cantidad apropiada a compartir.

Sin embargo, cuando un empleado es excesivamente generoso con sus propinas compartidas, puede indicar que hay algo atrás y debe ser investigado. Por ejemplo, alguien siempre está dándole propinas cinco veces mayores a lo normal a un ayudante de mesero. Esto no es normal. Usted debe empezar a observar y a hacer preguntas.

Jactarse de Las Propinas

Cuando era un empleado por propinas, nunca me gustó publicar cuanto hacía de propinas. Siempre pensé que era un asunto privado. Sin embargo, otros no siempre compartían mi opinión. Muchas veces al final del turno, la gente empezaba a publicar y comparar y presumir la cantidad de dinero que habían hecho por propinas. Por lo general esto no es dañino. Pero algunas veces, alguien que acaba de robar una buena cantidad de dinero del bar será lo suficientemente tonto para presumir que lo hizo. Recuerde que no necesita ser muy inteligente para robar. Mantenga sus oídos abiertos y cuando usted oiga sobre propinas excesivas redoble su trabajo de investigación y hacer preguntas. Por lo general no lleva nada malo, pero otras, puede que atrape a un ladrón muy tonto.

Haga Todo Un Show Al Rastrear El Alcohol

Marcar las Botellas

El marcar las botellas con un marcador permanente es un método barato y muy simple para tener un control del licor en un bar. También le da una idea de lo que está pasando en el bar cuando usted no está ahí.

Una noche, vaya y marque todas sus botellas con un marcador. Si usted está probando a sus empleados para ver si están robando, hágalo discretamente. A la mañana siguiente, cuando llegue saque un reporte del sistema computarizado. Vea lo que se vendió y compárelo contra los niveles de las botellas. ¿Es correcta la correspondencia entre ambas? Si no es así, usted tiene una buena evidencia de que algo no está bien y que necesita investigar más a fondo.

Además el marcar las botellas sirve extremadamente bien para que sus empleados se pongan nerviosos. Si usted anda marcando botellas enfrente de ellos, ellos concluirán que usted está rastreando las ventas del licor. Esto hará a cualquiera que pensaba robar algo, una tarea mucho más difícil de lograr simplemente porque tienen miedo de que usted lo atrape.

Rastrear Botellas Vacías

El rastreo de botellas vacías es otra buena forma de saber lo que se está sirviendo en su bar. Además, teóricamente, el rastreo de botellas vacías le permite a usted saber cada una de las botellas que entran y salen de su bar desde que llegan hasta que son desechadas.

Una práctica común en los bares es que el gerente registre cuando las botellas están vacías (o rotas). No es un mal sistema para tener en cuenta. Es común que los gerentes hagan que los cantineros almacenen las botellas en un lugar especial y solo una vez que han sido registradas, pueden ser recicladas. Este es un buen ejemplo de chequeos y balances.

Usted puede registrar la información sobre las botellas vacías en una hoja de cálculo como Excel. Al agregar la fecha en que la botella se terminó, le permitirá compararlo con la información de las ventas del sistema POS.

Si usted agrega a la hoja de cálculo el registro de la fecha en la que el alcohol fue comprado (y ordenado), usted podrá expandir su programa de rastreo para que sea un inventario funcional.

Aún cuando usted no registre la información y tan solo anote en una hoja de papel las botellas que están vacías, esta práctica pondrá a los ladrones y ladrones potenciales sobre aviso. Ellos lo van a pensar dos veces antes de robar si ven que usted está poniendo atención y que le importa mucho el inventario. Por estas solas razones, el rastreo de las botellas vacías es una gran idea. Les demuestra a sus empleados que usted está poniendo atención al licor y que pueden ser atrapados si deciden tomar algunos de los productos de su bar.

Pídales a Sus Empleados que Hagan las Cuentas

Recuerde que usted solo necesita hacer el show de que está rastreando los productos para desanimar el robo de forma efectiva. Por ejemplo, un día, si tiene un gerente asistente, pídale que haga el conteo rápido de las botellas o que haga un inventario de las cervezas embotelladas. Dígales que quiere que le llamen, manden un correo electrónico o que escriban los resultados. Asuma que lo hacen y usted no hace nada con la información proporcionada. Bueno, ¿Sabrán ellos que usted no hizo nada con la información, o pensarán que usted está rastreando el inventario? Obviamente pensarán que usted está rastreándolo. Esto le ayudará a hacer menos probable el robo, y si otros empleados los ven haciéndolo, ellos también evitarán ser atrapados robando.

También puede hacer que los cantineros hagan las cuentas. Ahora, si ellos son los que probablemente están robando, usted necesita asegurarse de que ellos saben que sus resultados van a ser verificados o que usted ya sabe la cuenta.

Como un ejemplo, digamos que usted tiene dos cantineros un día. Haga que uno de ellos haga la cuenta de botellas de cerveza en la mañana. Después, usted cuenta las botellas de cerveza en la tarde y compara los resultados con el reporte de ventas del sistema POS. Otra vez está checando y balanceando.

Adicionalmente usted puede decirle a su cantinero de la noche que va a llegar el equipo de limpieza y que quiere asegurarse de que no roben. Así que le pide que haga la cuenta y hágales saber que usted contará nuevamente todo en la mañana.

Estas son solo algunas ideas que usted puede modificar, expandir o desarrollar según las necesidades particulares de su bar. Y siempre recuerde que cuando usted les demuestra o les hace pensar a sus empleados que usted está rastreando el inventario y que usted sabrá inmediatamente si algo está faltando, se verá reflejado en sus índices de costos y en las utilidades de su bar.

Sistemas Computarizados

Los sistemas computarizados como este pueden ayudar a controlar el robo en su bar, al mismo tiempo que hacen su bar más rentable y eficiente.

Para un propietario de un bar, o un gerente, no hay en realidad mejor inversión que un sistema de punto de venta computarizado (POS). Estos sistemas le ofrecen un control de su bar que usted nunca hubiera imaginado hace 25 años.

Un sistema computarizado POS posee un programa de computadora de base de datos operado por un servidor central y varias computadoras terminales distribuidas en los bares y restaurantes de la compañía. En estas terminales tanto los meseros como los cantineros registran sus órdenes y la información es transmitida a las impresoras del bar y de la cocina para su preparación. Estos sistemas pueden ser personalizados por completo y el programa puede ser adaptado para satisfacer cualquier situación en la industria de la hospitalidad con menús personalizados programables, precios, reportes, etc. Estos sistemas computarizados también funciona como reloj checador para los empleados.

Todo lo anterior es muy bueno y permite que el manejo de un bar sea mucho más fácil. Desde el punto de vista de este libro, la mejor parte sobre el sistema POS, es que registra cada acción realizada en un bar. Esta información esta disponible para que sea usada por el gerente para la prevención del desperdicio y el robo. Además de ser un obstáculo más a saltar para los ladrones.

Guardar y Rastrear Recibos de Papel

Si su bar no tiene un sistema computarizado POS, usted necesitará muy seguramente usar recibos de papel. Esto es generalmente el caso de bares y restaurantes que son propiedad de familias. Este es un sistema de bajo costo que puede ser usado efectivamente; usted solo tiene que tomar algunas precauciones.

Primero, debe tener la certeza de que sus recibos son apropiados contra robo. Estos recibos deben estar numerados de forma única. Esto ayuda a llevar un buen rastreo de ellos. También debe permitir que sus recibos le proporcionen una cuenta al cliente al mismo tiempo que dejan una copia para usted.

Hay dos tipos de recibos de papel que cumplen estos requisitos. El primero es un recibo desprendible abajo del recibo. Esta porción puede desprenderse y darse al cliente como recibo. La parte superior es retenida por el bar o restaurante. El otro tipo de ticket es un recibo con varias copias de papel carbón. Cada recibo tendrá dos o tres páginas. La tercera página es útil cuando necesita pasar una copia a la cocina. Esta copia para la cocina puede ser tirada, mientras que se sigue conservando una copia para la casa y el mesero. Use este sistema para prevenir el robo.

Chequeos de Cumplimiento Independientes

Uno de sus objeticos como gerente es el de construir sistemas realistas y efectivos para prevenir el robo y controlar el desperdicio. Aún con el mejor sistema del mundo en el local, esté es solamente efectivo cuando se utiliza. La prisión más fuerte del mundo no sirve si se deja la puerta abierta y sin candado.

Como ya se ha dado cuenta o se dará cuenta, muchos empleados seguirán los procedimiento solo cuando usted está alrededor o está vigilando, pero no lo hacen si no están siendo vigilados. Una gran ayuda para los esfuerzos de cualquier equipo gerencial, es el poner en práctica estas políticas desde afuera, de forma independiente y monitorear en secreto el servicio y el seguimiento de las políticas de su bar. Esto se logra a través de una agencia de "mystery shopping – comprador misterioso".

El sistema del comprador misterioso es muy simple. Usted contrata una firma. Entonces la firma manda un agente según usted quiera programarlo, ya sea mensual, semanal, quincenal, etc.; y ellos reportarán lo que ven. El criterio del reporte es dictado por usted, por el cliente y por cualquier otra persona que usted desee.

Un buen ejemplo de preguntas a incluir en el reporte del comprador misterioso son:

- ¿Cómo se llamaba su mesero o cantinero?

- ¿Le dieron un recibo?

- ¿Estaba su cuenta enfrente de usted mientras estaba sentado en la barra?

- ¿Registró el cantinero la bebida antes de servirla?

- ¿Hubieron cargos en su cuenta escritos a mano? (solo para bares sin POS)

- ¿Midió el cantinero la bebida que le dio?

Encontrar una firma de compradores misteriosos no es difícil. Usted puede consultar su guía telefónica o el Internet. Simplemente usando un buscador de su elección y localizando su restaurante o bar, usted puede encontrar una gran cantidad de compañías de clientes misteriosos. No todas las firmas de clientes misteriosos son iguales. Para cerciorarse que la compañía que usted pretende contratar es confiable, pida referencias. Cheque estas referencias. Visite varias firmas antes de tomar una decisión y compare precios.

Manejar Visitas Inesperadas

Como gerente, sus empleados naturalmente actuarán diferente cuando usted está ahí, a cuando usted no esta ahí. Frecuentemente cuando el gerente no anda por los alrededores, la gente está más relajada y es más complaciente. Esta es una situación que puede llevar a malos comportamientos como el robo y el desperdicio.

Una buena forma de combatir esto es el inevitable efecto que producen las visitas inesperadas. Esto es cuando usted, como gerente, tiene el habito de aparecer por casualidad en su restaurante o bar para checarlo y comprobar que todos están comportándose como es debido. Esto crea un sentimiento de que usted puede aparecer en cualquier momento y todo debe de estar bien cuando usted llegue.

No es mala idea hacer esto varias veces al mes. Tenga cuidado de no establecer un patrón. Recuerde que pretende crear una expectativa de incertidumbre y para lograrlo debe de ser aleatorio. La mayoría de las veces verá que los empleados están contentos de verlo y que su negocio está caminando bien como debe.

Auditorias de Chequeo Aleatorias

Es un muy buena costumbre el crear el habito, entre usted y sus gerentes asistentes, el conducir auditorías de chequeo aleatorias. Esto es cuando usted accede a una cuenta en el sistema POS y lo compara con la cuenta que está en la mesa. Si tienen ensaladas o botanas, ¿están reflejadas en la cuenta?, ¿Hay postres en la cuenta?, ¿Y que tal los refrescos/sodas?

Esta es una operación de "ver y comprobar" que puede revelar un problema mayor en su bar, no solo el robo. Frecuentemente los meseros están apurados y pueden olvidar un producto. Esto puede ayudarlos a recordar que usted está viendo y que tienen que poner más atención en los pequeños detalles que están registrando. Después de todo estamos hablando de dinero.

Si usted hace esto por un periodo de tiempo, usted sabrá cuales meseros tiene problemas en este tema. Y si usted es constante haciéndolo, mucha gente lo pensará dos veces antes de robar algo de esta manera.

Sistema de Video Vigilancia

Muchas grandes empresas como casinos y hoteles son aficionados a los sistemas de video vigilancia. Estos ofrecen grandes ventajas. En primer lugar, su mera presencia es suficiente para disuadir la práctica del robo. Además pueden rastrear las ineficiencias y los malos hábitos de sus empleados e identificar problemas en el flujo de su bar. Por último, pueden ser muy útiles al grabar los eventos de su bar. El negocio del bar es propenso al litigio, y al tener un video probatorio de los eventos que el sistema de video vigilancia ofrece, puede ayudarlo en gran manera.

Una pequeña cámara de seguridad en el local como esta, aún si no tienen realmente una cámara, espantarán a la gente contra el robo.

Antes eran extremadamente caras los sistemas de video vigilancia, eran además grandes y difíciles de instalar. Eso no es cierto en la actualidad. La cámaras son ahora increíblemente pequeñas y baratas. Además usan tecnología inalámbrica, solo hay que proveer de electricidad a la cámara. La señal de video es enviada, vía inalámbrica, a una estación de grabación en un cuarto separado. Usted puede hasta comprar un kit de video vigilancia por unos cuantos cientos de dólares en una tienda de electrónicos.

Aún si usted no quiere poner las cámaras en su bar por alguna razón. No hay nada que decir que usted no puede poner cubiertas como señuelos. Estos son simplemente cubiertas de cámaras vacías como la que se muestra en la página 101. Aunque no tienen cámara adentro, pueden asustar a la gente lo suficiente como para comportarse debidamente.

Confrontando a un Empleado Cuando Sospecha de Robo

No hay una forma concreta de cómo confrontar a un empleado que usted sospecha de robo. Confrontar a un empleado en una situación como esta puede fácilmente llevar al despido del empleado. Usted debe tomar esto muy en serio porque las leyes lo toman muy en serio. Si usted actúa en una manera inapropiada, entonces usted puede enfrentar complicaciones legales a la larga.

Si su compañía tiene un departamento de recursos humanos, siempre recurra a hablar con ellos. Presente la evidencia y discuta con ellos la situación antes de proceder. Primero siempre debe de seguir las regulaciones de la compañía. Nunca tome la situación por sí mismo y haga una acusación flagrante sin checar antes con Recursos Humanos.

Si usted es un propietario independiente de un bar, usted necesita ser aún más cuidadoso. En muchos casos usted no tendrá un departamento de Recursos Humanos que lo pueda orientar. Esto significa que usted tiene menos recursos para trabajar. Sin embargo muy probablemente tendrá un abogado con el que trabaja. Si este es el caso, él le puede dar excelente información (por un costo claro)

Por último, considere contratar una firma que maneje sus asuntos de Recursos Humanos. Esto nunca será una mala inversión en una sociedad que ama las demandas. Estas compañías pueden proveerle de los servicios de Recursos Humanos que usted necesita periódicamente, por un costo. Muchas de estas firmas ofrecen números de contacto y usted puede hablar con un representante de Recursos Humanos inmediatamente. Todavía tendrá que hacer la confrontación, y posiblemente la terminación, pero podrá recibir asesoramiento competente y asegurarse de que cumpla con todas las leyes antes de continuar.

Conclusión

El robo puede ser uno de las situaciones que más ocurren en un bar. Los empleados que usted ha contratado y usted debería poder confiar resulta que están robando en su negocio (ya sea que usted sea el propietario o el gerente) esto puede ser exasperante, además de que esta actividad criminal le cuesta a su negocio mucho dinero si no se previene.

En este capítulo hemos discutido muchos de los tipos de robo que pueden ocurrir, así como formas para pararlo. Además hemos hablado de diversas formas en las que usted puede crear en su lugar de trabajo un clima inhóspito para un ladrón. Mantenga la vigilancia y no baje la guardia. Tan pronto como lo haga alguien tomará ventaja de ellos.

Revise estos otros excelentes títulos de Pratzen Publishing

Conceptos Básicos Del Servicio En Bares: Una Guía Completa Para Principiantes
Por Thomas Morrell

Este libro es una guía práctica escrito por un veterano de diez años en la industria de restaurantes y bares. Dentro de él aprenderá todo sobre cerveza, vino y licores destilados, así como técnicas de coctelería, formas de recordar recetas, coctelería responsable, costo y control de multitudes. También hay un capítulo sobre cómo escribir un currículum y cómo encontrar un trabajo para comenzar su nueva carrera.

ISBN 978-1090865380

www.ingramcontent.com/pod-product-compliance
Lightning Source LLC
Chambersburg PA
CBHW021829170526
45157CB00007B/2727